职业教育电子商务专业新形态教材

新媒体营销

XINMEITI YINGXIAO

主　编　崔　艳

副主编　贺　洁　桂　鑫

编　者　张　润　王　黎　钟　雷　陈　颖

　　　　吴　浪　余忻蔓　谢佳恩　熊　华

　　　　赵　然　王琼英　马　腾　刘含蕾

重庆大学出版社

图书在版编目（CIP）数据

新媒体营销 / 崔艳主编. -- 重庆：重庆大学出版
社，2023.5
职业教育电子商务专业新形态教材
ISBN 978-7-5689-3472-5

Ⅰ.①新… Ⅱ.①崔… Ⅲ.①网络营销—职业教育—
教材 Ⅳ.①F713.365.2

中国版本图书馆CIP数据核字（2022）第136179号

职业教育电子商务专业新形态教材

新媒体营销

主 编：崔 艳
副主编：贺 洁 桂 鑫
主 审：杨清波

责任编辑：章 可 版式设计：章 可
责任校对：王 倩 责任印制：赵 晟

*

重庆大学出版社出版发行
出版人：饶帮华
社址：重庆市沙坪坝区大学城西路21号
邮编：401331
电话：（023）88617190 88617185（中小学）
传真：（023）88617186 88617166
网址：http://www.cqup.com.cn
邮箱：fxk@cqup.com.cn（营销中心）
全国新华书店经销
重庆愚人科技有限公司印刷

*

开本：787mm×1092mm 1/16 印张：11.25 字数：261千
2023年5月第1版 2023年5月第1次印刷
ISBN 978-7-5689-3472-5 定价：49.00元

近年来，随着信息技术的高速发展，人们的日常生活发生了很大的改变。媒体形式就是有较大变化的领域之一，当下基于数字信息技术和网络技术实现信息传播的媒体形式成了主流之一。新媒体营销以其快捷、高效、经济的特点，受到了大众的关注，已经开始逐渐成为现代营销模式中重要的组成部分。

2019 年，教育部先后印发《国家职业教育改革实施方案》（职教 20 条）、《关于组织开展"十三五"职业教育国家规划教材建设工作的通知》、《职业院校教材管理办法》，明确提出建设一大批校企"双元"合作开发的国家规划教材，倡导使用新型活页式、工作手册式教材并配套开发信息化资源。

为落实教育部文件精神，本教材应用了活页式设计，让教材内容既独立又系统，读者可以系统地学习教材全部内容，也可以选择某个项目单独学习。全书以一名职场新人入职企业的新媒体营销岗位开展电商营销活动为主线，通过情景模拟的方式构建学习情境，以新媒体营销与运营的典型项目的工作过程为逻辑主线，以主流新媒体营销模式和典型新媒体营销平台为对象，分别设置了八个工作项目。其中项目一至项目四为综合教学，项目五至项目八为实战教学。

本教材融入课程思政元素，梳理了必备的理论基础和知识导图，每个任务按照案例导入、任务描述、知识讲解、思政园地、任务实施的结构进行编排。每个任务配有活页式实训工单，让学生在掌握一定理论的基础上，锻炼实践能力，将学习者的技能训练与学习任务紧密结合，体现"做中学，学中做"的思想，让任务实操有标可依，有章可循，最后辅以项目检测考查学生对知识和技能的综合掌握情况。

本教材联合教学经验丰富的中职教师、具有一线实战经验的优秀新媒体创作者、资深行业专家共同研发，配有微课、PPT 课件、拓展资源、教学设计、课后习题等数字化教学资源,既可作为中高职院校的电子商务、跨境电子商务、网络营销、直播营销、移动电子商务等相关专业的教材,也可供电子商务相关从业者自学之用。

本书由崔艳主编,贺洁、桂鑫任副主编,崔艳、吴浪编写了项目一,谢佳恩、王黎编写了项目二,余忻蔓、熊华、王琼英编写了项目三,钟雷、刘含蕾编写了项目四,陈颖编写了项目五,张润编写了项目六,贺洁编写了项目七,赵然、马腾编写了项目八,重庆畅所欲言网络科技有限公司桂鑫提供了全书的企业案例,四川外国语大学新闻传播学院杨清波教授审核了全书。

在编写过程中,虽然编者付出了大量的心血和精力,但新媒体营销发展迅猛,难免会有不足之处,请广大读者和专家不吝赐教,如有不符请以相关平台最新规则为准。

编者

2022 年 12 月

目录
MULU

1

项目一
初识新媒体营销

【项目描述】

　　随着互联网的发展，新媒体应运而生，这些新型的媒体形式催生了新的营销模式，更促进了传统营销模式的转型，同时也让各大行业的企业纷纷转身，利用新媒体平台来提升自身的行业竞争力。什么是新媒体营销？新媒体是基于网络的发展，建立在报纸、广播、电视等传统媒体基础上，发展而来的新兴媒体。新媒体营销也因为新媒体的发展而快速兴起。如今，新媒体营销已成为现代营销的重要组成部分，营销人员必须了解并掌握新媒体营销的相关知识和具体方法，才能达到自己的营销目标。

【项目目标】

知识目标

⭐ 了解新媒体和新媒体营销的概念；
⭐ 了解新媒体的发展历程、新媒体营销的特点和模式；
⭐ 了解新媒体营销行业相关工作岗位、新媒体人才的能力要求。

技能目标

⭐ 能对新媒体平台进行分类，分析各类新媒体平台的特点；
⭐ 能选择合适的新媒体营销岗位。

思政与素养目标

⭐ 养成独立思考的能力，能与团队成员分工协作；
⭐ 遵守国家法律和职业道德，树立正确的职业观。

初识新媒体营销

认识新媒体营销
- 新媒体的概念
- 新媒体营销的概念
- 新媒体营销的特点
  - 快捷性
  - 广泛性
  - 主动性
  - 精准性
  - 交互性
  - 成本低
- 新媒体营销的十大模式
  - 饥饿营销
  - 事件营销
  - 口碑营销
  - 情感营销
  - 互动营销
  - 病毒营销
  - 借势营销
  - IP 营销
  - 社群营销
  - 跨界营销

了解新媒体平台
- 新媒体的发展历程
  - 门户网站时代
  - 社交媒体时代
  - 智慧媒体时代
- 新媒体平台的分类及特点
  - 音视频类平台
  - 社交媒体类平台
  - 资讯类平台
  - 内容分发类平台

进入新媒体营销行业
- 新媒体营销行业发展现状
  - 新媒体营销行业的发展趋势
  - 新媒体营销行业存在的问题
- 新媒体营销人才的能力要求
  - 通用能力
  - 职业能力
- 新媒体营销相关岗位分析
  - 新媒体营销专员
  - 新媒体策划专员
  - 新媒体运营专员

任务一　认识新媒体营销

📶 案例导入

现在很多企业喜欢抢热点，发借势海报，但是家电企业A的官方微博却擅长抢热评。家电企业A喜欢在一些明星微博的评论区发表评论，评论明星"啥时候成亲？需要冰箱空调洗衣机吗？"如此贴心、有趣、接地气的官方微博给粉丝带来了好感。不仅如此，家电企业A的官方微博还成功地把粉丝变成了产品设计师。某一款产品从创意到产品设计，都有粉丝支招，这款产品在开放预约当天的预约量就突破40万台，半年之内又卖出了20万台。在粉丝经济时代，家电企业A将自己与用户的关系进行了重新定位，从单一的、商业意味浓厚的关系，转化为粉丝的忠实服务者，这极大地拉近了企业与粉丝的距离。粉丝即用户，谁拥有更多粉丝，谁就拥有市场。

📶 任务描述

随着新媒体的出现，人们将原来花在传统媒体上的时间逐渐转移到新媒体上。因此，新媒体逐渐成为一些企业进行市场投放的首选，新媒体营销也成为当下火热的营销方式。那么，什么是新媒体营销呢？通过本任务的学习，我们将了解新媒体的概念和新媒体营销的概念、特点及十大模式。

📶 知识讲解

一、新媒体的概念

新媒体又称"网络新媒体"，是以计算机网络通信技术、网络互联技术、信息工程技术为基础，以信息共创、共享为特点，以草根化和自媒体为特色，以开放性和全球化为特质，以互动分享为本质特征的媒体。新媒体是继报刊、广播、电视等传统媒体以后发展起来的新的媒体形态，是网络媒体及其延伸，包括网络平台、楼宇电视、电子杂志等。互联网既是新媒体的重要表现形式，也是新媒体的发展动力。

> 微课
>
> ▲ 什么是新媒体营销

二、新媒体营销的概念

市场营销是指个人和群体通过创造并同他人交换产品和价值以满足需求和欲望的一种社会和管理过程。其实就是引导商品及劳务由生产者流向消费者或使用者的企业活动。

新媒体营销是指利用新媒体平台进行营销的方式。在互联网对人们生活带来巨大变化的时代，营销方式也出现变革，营销需要更加注重沟通性、差异性、创造性、关联性、体验性。

三、新媒体营销的特点

相对于传统媒体营销，新媒体营销有以下几个特点：

1. 快捷性

新媒体的发展使得各种信息都会在第一时间传播出去，甚至能实现信息的"零时差"。特别是对突发事件的报道，新媒体更能快速地做出反应，发挥显著的作用。新媒体的移动性，不但拓宽了人们发送和获取信息的途径，也增加了快捷性。只要有网络信号的地方，人们就可以随时随地在新媒体平台发布和接收信息。新媒体营销可以在第一时间将营销信息传递给人们，并随时反馈人们的需求。

2. 广泛性

新媒体营销可以在很短的时间内把信息推送给众多的受众，这是其广泛性的体现。例如，企业的产品信息通过热门微博、微信群、QQ 群、论坛等信息平台发布，大众的广泛参与让产品信息如同滚雪球一般广泛传播。

3. 主动性

新媒体传播在信息发布方面有了更多的主动性，发布者可以自主构建自己的新媒体平台，在内容生产与筛选方面也有很大的主动性。新媒体营销的内容可以是文字、音频或者视频，也可以是文字、音频、视频的融合体，创作者可以自由选择。

4. 精准性

传统媒体营销基本上都是大众化的，而新媒体营销可以做到更加细分，可以面向群体，也可以面向个人，人们可以通过新媒体定制或者智能推荐，发布个性化的商品信息，从而获得精准营销的效果。

5. 交互性

传统媒体营销是单向传播，受众只能接收信息，很难进行信息反馈，交互性很差。而新媒体营销，信息的传输是双向的，用户的角色是可以转变的。用户既可以是信息的接收者，也可以变为信息的发送者。

6. 成本低

在新媒体平台上可以免费发布信息，主要成本为内容制作的成本，如果发布的产品信息有吸引力，无需太多的宣传费用，也能获得较多流量，达到良好的营销效果。

四、新媒体营销的十大模式

互联网时代，新媒体的营销模式是市场营销的主流，想要达到预期的效果，模式的选择是非常重要的。常见的新媒体营销有十大模式。

1. 饥饿营销

饥饿营销是指商品提供者有意调低产量，以期达到调控供求关系、制造供不应求的"假象"、维持商品较高的利润率和品牌价值的目的。强势的品牌、受欢迎的商品是饥饿营销的基础，饥饿营销通过把潜在消费者吸引过来，然后限制供货量，造成供不应求的热销假象，从而赚取更高的利润。

【案例】某手机品牌推出新品后不是先在实体店销售，而是先在网上限时销售，很快产品就卖光了。这则消息很快在各大新媒体平台传播，粉丝们也在平台里激烈讨论，表示"自己没有把握好机会，下次一定要抢到"。消费者争抢产品的心理，让该产品成为爆款。

2. 事件营销

事件营销是指企业通过策划、组织和利用具有名人效应、新闻价值及社会影响的人物或事件，引起媒体、社会团体和消费者的兴趣与关注，以求提高企业或产品的知名度、美誉度，树立良好品牌形象，并最终促成销售的手段和方式。

【案例】某汽车品牌开创新媒体营销新方式，选择知乎平台，打造汽车品牌百年大庆营销事件。活动期间让9位知乎大V提出相关问题，更多大V为此点赞并关注这些问题，促使上千人关注该汽车品牌，开启新媒体营销新方式。2篇知乎专栏，产生了巨大流量，浏览量16万人次以上，累计点赞数3万以上。随后该汽车品牌的销售量直线上升。

3. 口碑营销

口碑营销是指企业努力使消费者通过其亲朋好友之间的交流将自己的产品信息、品牌传播开来。这种营销方式的特点是成功率高、可信度强。从企业营销的实践层面分析，口碑营销是企业运用各种有效的手段，引发企业的顾客对其产品、服务以及企业整体形象的谈论和交流，并激励顾客向其周边人群进行介绍和推荐的市场营销方式和过程。

【案例】某品牌化妆品企业在口碑营销活动中，鼓励用户分享化妆品的美白效果。用户通过发微信朋友圈或者评论区晒图，并上传图片参加分享有礼活动。通过体验用户的口碑宣传，产品销量大幅提高，引起了更多女性用户的关注。

4. 情感营销

情感营销就是把消费者个人情感差异和需求作为企业品牌营销战略的核心，借助情感包装、情感促销、情感广告、情感口碑、情感设计等策略来实现企业的经营目标。情感营销从消费者的情感需求出发，以期与消费者的心理产生共鸣。

【案例】某手机品牌发布关于中国春节的微视频《三分钟》。在正式发布前，这条微视频就已经在微博、微信等各大社交平台上进行了大量的宣传。该视频以中国春节为主题，以春运列车员的角度，展现她和孩子在站头相聚的"三分钟"情节，具备情感共鸣，在掳获了大量人心之际深化了手机拍摄工具的产品特性和手机品牌的形象。

5. 互动营销

互动营销是指企业在营销过程中充分利用消费者的意见和建议，辅助产品或服务的规划和设计，为企业的市场运作服务。在消费者与企业的互动中，让消费者参与到产品设计及品牌活动中，拉近其与企业之间的关系，不知不觉中接受来自企业的营销宣传。

【案例】某汽车品牌借助庞大的社交媒体影响力，以创新的形式展现品牌信息。通过微信扫描二维码参与保养"礼"遇活动，用户通过晃动手机听声辨礼盒的方式挑选自己心仪的礼盒，发到朋友圈邀请好友拆礼盒，好友可自己拆礼盒，也可邀请自己的朋友拆礼盒，形成一个良好的互动，从而提高了品牌知名度。

6. 病毒营销

病毒营销的原理和口碑营销相同，但其传播方式完全依托于网络，比口碑营销更方便、更快速，传播内容会像病毒一样迅速蔓延，因此是一种高效的信息传播方式。病毒营销与口碑营销的区别在于，病毒营销是由公众自发形成的传播，其传播费用远远低于口碑营销。

【案例】某网店销售产品时会送买家一个 DIY 的赠品，告知买家只要将产品和赠品拍照转发到朋友圈，并留下客服微信，介绍朋友来体验就可获得 10 张红包券，买家觉得活动有意思，纷纷参与。

7. 借势营销

借势营销是指借助消费者喜闻乐见的环境，将包含营销目的的活动隐藏在其中，使消费者在这个环境中了解并接受产品的营销手段。其具体表现为借助大众关注的社会热点、娱乐新闻、媒体事件等，潜移默化地把营销信息植入其中，以达到影响消费者的目的。借势营销是一种比较常见的新媒体营销模式。

【案例】在中秋节来临之际，某食品公司举行中秋节联谊活动，在活动中穿插中秋团圆送礼品环节，如赠送月饼礼盒、蔬果礼盒、零食礼盒等，从而宣传并推广本公司生产的礼盒装商品。

8.IP 营销

IP 营销中的"IP"原意为知识产权（Intellectual Property），近年来随着 IP 内容的丰富及可观的商业价值，IP 的含义已超越知识产权的范畴，正在成为一个现象级的营销概念。IP 营销的本质是在品牌与消费者之间搭建沟通的桥梁，赋予产品温度和人情味，通过这一沟通桥梁大大降低了人与品牌之间和人与人之间的沟通门槛。

【案例】故宫博物院元宵节点灯活动刷爆社交媒体，"紫禁城上元之夜"的点亮活动是自 1925 年 10 月 10 日故宫博物院正式成立后，第一次对社会开放夜场，造就了人们夜游故宫的魅力文化。故宫夜场开放的背后，是这些年来故宫主动寻求转变，越来越亲民化、开放化及超级 IP 化，这些都为故宫博物院带来了商机。

9. 社群营销

网络社群营销是基于手机等移动终端把具有共同兴趣、爱好的人聚集在一起，进行营销传播的过程。营销过程中通过引起受众的关注，汇聚人群以达到最终的营销目的。网络社群营销是基于圈子、人脉、六度空间概念而产生的营销模式，它借助虚拟社群中的人际关系来进行营销。

【案例】某葡萄酒杂志专注于为葡萄酒爱好者介绍葡萄酒文化、专业的品酒知识、实用的买酒建议和举行精彩的品鉴体验活动。自创立以来，该杂志的活动与内容始终以社群为核心，通过专业、垂直的葡萄酒新媒体和线下的葡萄酒教育体系，已成为国内知名的葡萄酒媒体，有超过 50 万葡萄酒爱好者聚集到这个葡萄酒文化社群里，为葡萄酒营销打下基础。

10. 跨界营销

跨界营销是指根据不同行业、不同产品、不同偏好的消费者之间所拥有的共性和联系，把一些原本毫不相干的元素进行融合、互相渗透，进行彼此品牌影响力的互相覆盖，并赢得目标消费者的好感。

【案例】曾有 30 多家共享单车企业共同瓜分市场，其中一家共享单车企业与卡通人物的版权方跨界合作，把出行工具与娱乐元素合为一体，实现了跨界营销中 1+1>2 的营销效果。

💬 思政园地

信息技术的迅猛发展、新媒体的广泛渗透，不仅对人们的日常生活产生了深远影响，也使我国在国际传播主体、传播内容、传播方式等方面发生巨大转变，全面、深刻地影响着当今国际传播格局。在新媒体时代，讲中国故事的人和听中国故事的人越来越多，人民群众将在国家形象建设和国际传播中发挥越来越大的主体作用。

📶 任务实施

学生实训工作单

【工作情境】

小美是新媒体营销专业刚毕业的学生，准备进入新媒体行业工作，她觉得自己需要详细了解各种新媒体营销模式及其典型案例，为此准备做一个调研。

【工作任务书】

工作任务	调研新媒体营销模式
工单描述	了解常见的 10 种新媒体营销模式，选择自己感兴趣的 3 种模式完成列表内容
任务目标	通过了解常见的新媒体营销模式，为后期开展新媒体营销打下基础
任务要求	目标用户：以 12~22 岁人群为目标用户； 选题方向：好看实用的学习用品

工作步骤	完成列表相关内容的填写： ①填写 3 种自己感兴趣的新媒体营销模式； ②对 3 种新媒体营销模式的定义进行简单描述； ③归纳 3 种新媒体营销模式的特点； ④记录 3 种新媒体营销模式的案例
素材来源	各大新媒体平台
工作难度	□简单　　☑一般　　□偏难　　□困难
注意事项	避免选择敏感、负面或风险较高的内容
评价标准	□是否能正确选题 □是否填写完整内容 □是否将特点归纳总结 □是否是自己寻找的真实案例

新媒体营销模式

营销模式			
定义			
特点			
案例			

任务二　了解新媒体平台

📶 案例导入

2021年，甘肃省举办"青春助农"系列活动，助力拓宽"甘味"农产品的市场空间，加大消费帮扶力度助推农产品走上新媒体平台，解决农产品走不出去的困境。在这次活动中，甘肃某网络主播将直播间架设在花椒树下，向网友介绍花椒，一改过去只在直播间内"聊聊天，聊聊生活"的直播方式。这种形式收到很好的营销效果，她本人也由小网红变身为农产品带货主播。

📶 任务描述

提起新媒体平台，大家首先想到的可能是微博、微信，随着互联网的发展，人们的需求不再局限于社交、资讯，需求的多样化促使越来越多的新媒体平台出现。目前比较常见且可以无成本入驻的平台除了微博、微信，还有抖音、今日头条、知乎等。通过本节任务的学习，我们将了解新媒体的发展历程和新媒体平台的分类及特点。

📶 知识讲解

一、新媒体的发展历程

1. 门户网站时代

门户网站是指提供某类综合性互联网信息资源并提供有关信息服务的应用系统。1994年4月20日是中国互联网发展史上"开天辟地"的大日子，我国的第一条64K国际专线正式接通，标志着中国正式进入互联网时代，成为国际互联网大家庭中的第77个成员，一大批人的命运也因为互联网而发生巨大的改变。进入互联网时代后，门户网站便开始发展起来，国内著名的门户网站有新浪、网易、搜狐、腾讯、百度、新华网、人民网、凤凰网等。

2. 社交媒体时代

社交媒体是指互联网上基于用户关系的内容生产与交换的平台。社交媒体是人们彼此之间用来分享意见、见解、经验和观点的工具和平台，现阶段主要包括社交网站、微博、微信、博客、论坛、播客等。社交媒体在互联网的沃土中蓬勃发展，爆发出令人炫目的能量，其传播的信息已成为人们浏览互联网的重要内容，不仅制造了人们社交生活中争相讨论的一个又一个热门话题，也吸引传统媒体争相跟进。

3. 智慧媒体时代

智慧媒体是利用情境感知计算，分析消费者的环境、行为和偏好，提供与用户需求相匹配的内容、产品和服务，以提升消费者的用户体验。智慧媒体是以互联网为基础，依托不同的智能终端，结合云计算、云存储这些新技术，让用户可以快速判断、分析、截取到想要的内容。

智慧媒体具有三大重要特征：一是多终端全天候地覆盖。智能手机的普及使人们随时随地都能够获取信息，用户时间极度碎片化，所以在用户接触移动终端的同时，媒体要多终端地覆盖并不间断地提供相应服务。二是从资讯媒体发展到智慧服务。智慧媒体不仅要发布资讯信息，而且要分析读者的需求提供个性化的服务，如工作、生活、社交等方面的服务，特别是本地化的服务更能贴近用户的需求。三是从大众营销转化为精准营销。根据网络文本分析来匹配相对应的广告，并通过分析读者的偏好来提供个性化的营销策略。智慧媒体时代，促使新媒体平台功能和服务更加智能，推动了网络直播平台迅速发展，典型的平台有抖音、快手、视频号、小红书等。

微课

新媒体平台

二、新媒体平台的分类及特点

新媒体平台凭借自身的特点和优势，发展十分迅猛，掀起了媒体行业革命的新一轮浪潮，新媒体平台的类型也变得越来越多。新媒体平台大体分为音视频类平台、社交媒体类平台、资讯类平台、内容分发类平台。

1.音视频类平台

自 4G 网络开始普及后短视频行业高速发展，出现了大量音视频类平台，面对众多的音视频类平台，该如何选择呢？下面逐一分析七大音视频平台的特点，希望能够帮助到大家。

图 1-1　抖音 Logo

（1）抖音

抖音（图 1-1）是北京字节跳动科技有限公司开发的短视频社交软件，用户主要是年轻人、时尚达人，女性居多，一、二线城市的中产用户居多。抖音的特色是呈现多元化，智能推荐，内容发布操作简单，能迅速提升优质主播的人气，每日活跃用户数约 6 亿，抖音已成为短视频领域的佼佼者。如果想涉足短视频创作，抖音可以作为首选。

（2）快手

图 1-2　快手 Logo

快手（图 1-2）是北京快手科技有限公司开发的短视频软件，用户主要是年轻人，主要居住在三、四线城市，女性居多。快手的特色是呈现多元化，视频更新速度非常快，每日活跃用户数约 3 亿，在短视频领域排名第二。该平台对于创作者的支持力度也是相对较高的。

（3）视频号

视频号

图 1-3　视频号 Logo

视频号（图 1-3）是腾讯公司开发的短视频平台，用户群体包括各个年龄段的人群，绝大部分用户居住在一、二线城市，三、四线及以下城市的用户较少。视频号的内容以图片和视频为主，可以发布长度不超过 1 分钟的视频，或者不超过 9 张的图片，还能带上文字和公众号文章链接，不需要 PC 端后台，可以直接在手机上发布。

（4）好看视频

好看视频（图1-4）是属于百度公司的短视频平台，用户年龄主要在25～40岁，三、四线城市的年轻人和一、二、三线城市的中年人占比较大。好看视频的特色是全面覆盖知识、美食、游戏、生活、健康、文化、情感、社会、资讯、影视等领域。每天有1亿左右活跃用户在好看视频遨游。

（5）哔哩哔哩

哔哩哔哩（图1-5）是上海幻电信息科技有限公司开发的短视频平台，英文名称为bilibili，简称"B站"，用户以"90后""00后"的年轻人为主。哔哩哔哩早期以动画、漫画、游戏类内容为主，如今围绕用户、创作者和内容，构建了一个源源不断产生优质内容的生态系统，已经成为涵盖7 000多个兴趣圈层的多元文化社区，每日活跃用户数超过8 000万。

（6）小红书

小红书（图1-6）是行吟信息科技（上海）有限公司开发的短视频平台，用户以"95后""00后"的女性为主，她们主要居住在一、二线城市。小红书是一个生活方式分享社区，同时设有社区电商板块。小红书用户喜欢在社区里分享购物经验和商品使用效果评测，内容涉及生活的方方面面。小红书会将社区中的内容精准匹配给对它感兴趣的用户，从而提升用户体验。

（7）喜马拉雅

喜马拉雅（图1-7）是喜马拉雅（中国）股份有限公司开发的音频平台，性别比例较为平均，用户年龄主要在20～35岁，用户主要分布在一、二线城市，整体呈现年轻化、精英化的特点。喜马拉雅的内容涵盖金融、文化、历史、娱乐、教育等领域，形式上既有音频播客的形式，也有音频直播的形式。

2. 社交媒体类平台

（1）微信

微信（图1-8）由腾讯公司开发，是目前热门的即时通信软件，主打熟人圈的社交媒体。超过12亿人都在使用微信，用户的年龄跨度非常大。微信提供了公众号、朋友圈、微信群、消息推送等功能，用户可以通过多种方式添加好友、微信群和关注公众号，能将内容分享给好友、微信群，并发布朋友圈。

（2）QQ

QQ（图1-9）是腾讯公司开发的聊天软件，在微信诞生以前，它是国内最常用的即时通信软件，用户群体非常庞大。QQ支持在线聊天、视频电话、点对点的文件传输、共享文件、网络硬盘、

图1-4 好看视频Logo

图1-5 哔哩哔哩Logo

图1-6 小红书Logo

图1-7 喜马拉雅Logo

图1-8 微信Logo

图1-9 QQLogo

邮箱等多种功能。

（3）微博

微博（图 1-10）是基于用户关系的社交媒体平台，由新浪公司开发。用户群体呈现年轻化趋势，"90 后""00 后"用户的占比接近 80%，女性用户规模高于男性用户。微博可以发布文字、图片、视频等，发布的文字内容有 140 字的限制，微博由此得名。微博发布和传播信息的速度都很快。

图 1-10　微博 Logo

3. 资讯类平台

（1）今日头条

今日头条（图 1-11）是北京字节跳动科技有限公司开发的资讯类平台，用户人数超 8 亿，大部分用户居住在一、二、三线城市，"95 后"用户居多。今日头条能为用户推荐其关注和喜欢的内容，包含热点新闻、娱乐、军事、音乐、体育、生活资讯等多种内容。今日头条还提供头条号服务，可以让有想法的人写原创文章，也可以发布视频。

图 1-11　今日头条 Logo

（2）腾讯新闻

腾讯新闻（图 1-12）是腾讯公司开发的一个资讯类平台，男性用户占比较高，以中青年为主，大部分用户集中在一、二线城市。腾讯新闻能够提供时政、军事、教育、科技、娱乐、体育等全方位的资讯服务。

图 1-12　腾讯新闻 Logo

4. 内容分发类平台

（1）知乎

知乎（图 1-13）是北京智者天下科技有限公司开发的原创内容平台，用户以中青年为主，80% 以上的用户拥有本科以上学历，大多生活在一、二线城市。知乎是一个以问答为主要输出方式的平台，用户会在上面发布一些问题，然后了解相关内容的人去回答。知乎聚集了科技、商业、影视、时尚、文化等领域极具创造力的人群。

图 1-13　知乎 Logo

（2）百家号

百家号（图 1-14）是百度公司为内容创作者提供的内容发布、内容变现和粉丝管理平台，用户以年轻人为主。百家号能提供百亿级流量，让内容恰如其分地找到读者。在百家号发布一篇有价值的文章，很容易被众多网友点击、评论和分享。

图 1-14　百家号 Logo

创作者在选择新媒体平台的时候，要综合考虑内容创作能力、平台属性、平台支持力度、平台变现路径等因素重点选择一至两个平台深耕，其他平台作为分发平台来操作。另外，如果创作能力比较强、时间比较宽裕，创作者可以针对不同平台的属性、活动、用户来创作不同的内容。

抖音电商于 2022 年推出《电商创作者管理总则》，该总则要求创作者必须遵循 9 条总原则，严禁"违反公序良俗的表演炒作"等 13 种违规营销场景、5 种内容侵权情况、2 种无资质发布专业领域内容，以及 7 种其他违规内容。该总则还严禁"诱导欺骗消费者点赞、收藏、分享、关注"等 5 种作弊行为、2 种垃圾内容、3 种引导非法交易行为，以及 4 种其他违规行为。新媒体营销行业的从业人员，一定要自觉遵守平台规则和行业规则，否则将受到平台的严惩。

📶 任务实施

学生实训工作单

【工作情境】

准备在新媒体行业工作的小美还没有自己的新媒体平台账号，准备先开通一个账号。现在小美需要选择一个自己感兴趣的新媒体平台，注册一个账号，通过完成一些基本操作，体验如何打造自己的新媒体账号。

【工作任务书】

工作任务	创建新媒体账号
工单描述	创建一个新媒体平台账号，推广重庆奉节脐橙，通过发布文章、图片、视频等内容，达到一定的点击量、转发量、收藏量、粉丝量等
任务目标	通过对"重庆奉节脐橙"的相关介绍，激发用户对产品的兴趣，吸引更多粉丝关注
任务要求	目标用户：以中青年群体为目标用户； 选题方向：以重庆奉节脐橙为推广产品

工作步骤	①在网上搜集素材:下载产品高清图片; ②调研重庆奉节脐橙的产品价值,撰写文案或制作视频; ③选择一种新媒体营销模式,发布文章、视频等内容,开展营销活动; ④通过一周时间（7天）,记录自己新媒体账号的点击量、转发量、收藏量、粉丝量; ⑤同学之间对比数据,讨论优化账号数据的方法
素材来源	各大新媒体平台
工作难度	□简单　☑一般　□偏难　□困难
注意事项	①所有内容中禁止出现任何形式的水印; ②不要投机取巧,不要盗用他人作品,要保证内容原创; ③避免选择敏感、负面或风险较高的内容; ④图片要清晰,能够有效展示产品特点
评价标准	□是否能正确选题; □是否创作了文案或者视频; □内容是否激发了目标群体的兴趣; □新媒体账号运营一周时间（7天）后,是否对点击量、转发量、收藏量、粉丝量的数据进行分析

任务三　进入新媒体营销行业

案例导入

职场新人李明决定在新媒体营销行业自主创业。他根据自己的兴趣爱好从淘宝、淘特、拼多多等电商平台购买一些热销的产品，将自己体验产品的过程拍成短视频发布至短视频平台。由于他拍摄的短视频风格独特，受到大众的喜欢，经过一段时间的持续更新，他积累了不错的粉丝数量，也为自己创造了不错的经济效益。

任务描述

随着新媒体时代的到来与逐步发展，新媒体营销无疑是促进商品销售的一种重要方式，企业对新媒体营销人才的需求也会逐步扩大。通过本任务的学习，了解新媒体营销行业发展现状，企业对新媒体营销人才的能力要求，以及市场上新媒体营销的相关岗位。

知识讲解

一、新媒体营销行业发展现状

新媒体营销行业快速发展，不仅改变了消费者的习惯，也改变了企业的营销模式。

企业开展新媒体营销的方式不断创新，病毒营销、口碑营销、组合营销等多种营销方式呈现出强大生命力。

1. 新媒体营销行业的发展趋势

（1）短视频和直播成为新媒体营销行业的热点

随着碎片化时代的到来，人们的注意力集中时间越来越短，短视频以其直观性、碎片化、高代入感、强互动性、传播迅速、成本低、感染力强等优势，受到人们的青睐。许多年轻人喜欢宅在家里，观看直播成为他们打发时间的一种方式，同时对自己喜欢的领域也加深了了解，因此直播受到人们的喜欢。

（2）新媒体广告创意要求更高，内容营销更受欢迎

众多企业都选择利用新媒体平台进行宣传推广。一个好的营销案例就像是一个小故事，好的故事能吸引消费者的目光。人们不喜欢生硬的广告，但不特别反感植入广告。

（3）公众平台成为新媒体营销重要渠道

随着移动互联网的到来，以微信为代表的公众平台成为新媒体营销的主要渠道。

2. 新媒体营销行业存在的问题

（1）缺乏专业的运营管理人才

目前，一些企业在新媒体营销方面做得不好，原因之一就是缺乏专业的运营管理人才。企业中的新媒体运营人员水平参差不齐，很多都是由原来的销售人员或市场部人员转岗过去的，缺乏专业的知识和经验，运营水平有待提高。

（2）缺乏对新媒体营销的合理投入

新媒体营销的效果受制于四个因素：好的内容、丰富的资源、精湛的技术和合理的投入。虽然新媒体营销的费用相比传统媒体营销要低廉得多，但仍然需要合理的投入，有合理的投入才会有预期的回报。

（3）缺乏新媒体营销的系统规划

缺乏系统的规划已成为新媒体营销效果不佳的主要原因。新媒体营销跟其他营销方式一样，也需要专业、系统的规划，没有思路就必然没有出路，也就无法达成理想的效果。

二、新媒体营销人才的能力要求

微课

新媒体营销
岗位必备技能

1. 通用能力

（1）沟通能力

内容运营人员不仅需要输出内容，还需要与用户交流，收集用户的反馈。同时运营工作是一个复杂的过程，往往需要团队配合，需要与同组成员、产品经理甚至其他部门的同事保持通畅的交流，那么良好的沟通能力就是非常重要的。

（2）协调能力

完成一个项目需要对接不同的人员，他们可能是不同部门、不同岗位的员工，所以在复杂烦琐的运营工作里，具备高效协调各方的能力，也是必不可少的。

（3）团队协作能力

任何一个活动都不是单打独斗可以完成的，尤其是在大公司，每个人的工作都被极致细分，每个人只负责其中的某个环节，这就需要运营人员有良好的团队协作能力，可以快速融入团队，上手工作。

（4）抗压能力

现代公司的整体工作节奏偏快，尤其运营岗位的员工，需要直接为数据负责，每天的数据是增长还是下降都是及时反馈，所以在面对严苛的 KPI（关键绩效指标）时，抗住巨大压力并获得成长，是运营人员的基础能力。

（5）行业关注能力

新媒体营销不仅要关注产品，还要广泛了解行业信息、竞品信息、国家政策，敏锐的市场、政策洞察能力也是对运营人员的基本要求。

（6）创新思维

创新思维是新媒体发展的动力，是新媒体人才获得竞争优势的重要保证，也是新媒体人才的生命力。在竞争日趋激烈的今天，创新思维能力已是衡量一个新媒体人才优劣的重要标志。

2. 职业能力

（1）文案输出能力（核心能力）

文案输出主要就是写文章。作为内容运营来说，文章就是连接产品和用户的最直接方式。几乎所有平台都需要好文章来吸引用户，而一篇好文章的判断标准往往是主观的，但清晰的逻辑和思路是好文章的基础。其次，文章的排版、图文的搭配、内容的创意等都是吸引用户的重要因素。一篇优质的文案，需要从标题选择、角度选择、逻辑结构、内容填充等多方面进行优化。

（2）用户思维

用户思维就是"站在用户的角度来思考问题"的思维，也可以说站在对方的角度换位思考。除此之外，还需要用用户熟悉和喜欢的语言来表述用户关注的点，以帮助用户思考和判断，从而让用户能快速获取自己所需。用户思维是内容运营的基础，要将这一观念深入脑海，成为思维方式的一部分。

（3）数据分析能力

数据分析能力包括正确的数据分析方法。从获取、激活、留存、变现与推荐 5 个环节入手进行产品分析，就是一个非常好的分析方法。一个好的数据分析工具能帮助运营人员进行数据采集、数据分析、数据可视化等工作，节省时间和精力，从而更好地理解用户、优化产品。数据分析不是简单的数据罗列，而是通过数据看到存在的问题，并寻求解决的方式。

（4）系统思维

这里说的系统思维更注重的是结合用户跟内容渠道深入运营内容的能力。一个编辑或许只需要把文章写好，按要求更新推送，但是内容运营人员需要思考"怎么才算是一个、篇好的文章""内容是面对什么用户""适合的更新频率是多少"等，这需要其有系统的思维模式，将内容运营放到系统的运营过程中去思考。

（5）技术能力

技术能力包括掌握计算机网络基本技能，能熟练操作数据分析软件（如 Excel）、图文排版软件（如秀米、草料二维码生成器等）、视频编辑软件（如 Premiere、剪映）、图片编辑软件（如 Photoshop）等。

三、新媒体营销相关岗位分析

1. 新媒体营销专员

工作内容：

• 负责微信、抖音、头条渠道招商；

• 负责制订年度运营战略规划，根据项目特点，组织制订推广计划并监督执行，确保运营任务顺利完成；

• 具有新媒体内容创意策划及研发能力，根据不同项目的定位，能独立开发、策划、保障及运营新媒体推广方案，保证用户稳定增长，维持有效渠道客户的活跃度；

• 熟悉微信朋友圈广告后台操作，精通文案编辑，能熟练管理微信公众号的内容。

任职要求：

• 有销售、电话销售工作和新媒体运营经验者优先；

• 具有较强的新闻、热点敏感性，有较强的文案和编辑功底；

• 有丰富的线上线下活动推广实战经验，了解知识性媒体的特点，熟悉口碑营销的操作流程；

• 创意优，执行力强，有良好的策略思考能力，并能独立撰写方案；

• 知识面广，思维活跃，工作积极，有责任感，团队意识强；

• 有新媒体运营成功案例者优先。

2. 新媒体策划专员

工作内容：

• 负责规划微信公众号、微博、抖音、快手等社交媒体的内容创作、信息更新及运营，独立策划选题并撰稿，推广公司的品牌、产品和活动；

• 参与日常运营，负责广告海报等内容的撰写；

• 策划短视频内容，提高品牌曝光量、知名度和短视频播放量；

• 策划短视频的创新玩法，打造产品的内容风格；

• 策划线上 / 线下各种类型的短视频活动；

• 协助内容团队制订更适合新媒体传播的内容。

任职要求：

• 有较佳的文字写作能力，较强的创新和执行能力，能独立策划选题并完成内容编辑、排版等工作；

• 敏锐的热点洞察能力，较强的撰稿能力；

- 懂用户，有品位，对新事物怀有热情，并且有自己的见解；
- 爱互动，会聊天，能妥善处理后台读者的留言并互动；
- 爱学习，爱沟通，有好奇心、责任心、上进心，有良好的团队意识和协助能力；
- 有良好的情绪稳定性和抗压能力；
- 创作过有传播量的作品者优先。

3. 新媒体运营专员

工作内容：

- 负责官方微信、微博等平台的日常内容的撰写和运营；
- 收集、研究网络热点话题，结合新媒体特性，对微信、微博内容进行实时调整和更新；
- 负责微信、微博大型活动方案的策划、执行、运营以及汇报和总结；
- 分析同行业企业的微信、微博内容及话题热点，调研目标用户群体的喜好，定位客户需求，积累粉丝量。

任职要求：

- 热爱互联网，熟悉各种移动终端产品应用，对微博、论坛、社交网站等产品有浓厚兴趣或深刻认识，并且善于把握用户的各层次需求；
- 有较强的洞察力和创新能力，具有一定的敏感性，善于把握最佳的发布时机；
- 注重团队合作，善于沟通，有服务精神；
- 具备良好的数据分析能力、语言及文字表达能力、跨团队协作能力；
- 能承受较大工作压力，并能按时完成上级交代的工作。

💬 思政园地

　　某些网红为了蹭流量，网上炒作"故事"，打"擦边球"。作为新媒体从业人员应依法、文明、规范地运营管理账号，以优质内容吸引观众。平台的运营者应肩负审慎审查用户上传内容的职责，对违反法律法规、违背社会公序良俗的信息内容采取及时适当的管理处置措施，共同维护晴朗的网络空间。

📶 任务实施

学生实训工作单

【工作情境】

为了规划将来的职业发展，小美需要在自我认知的基础上，根据自己的兴趣爱好、专业特长、知识结构，结合社会环境与市场环境，了解新媒体行业的职位及所需技能。

【工作任务书】

工作任务	制订自己的职业规划书
工单描述	根据自身情况规划未来的就业岗位，按以下几个方面，写一份职业规划书
任务目标	根据自己的兴趣爱好、专业特长、知识结构，建立自己未来的职业发展目标
任务要求	自我分析（个人性格、职业兴趣、职业能力）； 职业分析（就业方向、就业前景、职业定位）
工作步骤	①在网上搜集新媒体行业的职位； ②分析自己的性格、职业兴趣、职业能力； ③分析新媒体行业的就业方向、就业前景； ④找准自己的职业定位和发展方向
素材来源	各大新媒体平台
工作难度	□简单　　☑一般　　□偏难　　□困难
注意事项	①禁止出现任何形式的水印； ②不要投机取巧，不要盗用他人作品，要保证内容原创
评价标准	□是否属于新媒体行业的相关职位 □是否符合自身条件 □岗位内容是否符合市场招聘要求 □职业定位是否合理

职业规划书

自我分析	个人性格	
	职业兴趣	
	职业能力	
职业分析	就业方向	
	就业前景	
	职业定位	

总结与自我评估表

序号	检查事项	完成确认
1	是否掌握新媒体的概念	
2	是否掌握新媒体营销的概念	
3	是否熟悉新媒体营销的特点	
4	是否熟悉新媒体营销的十大模式	
5	是否熟悉新媒体的发展历程	
6	是否了解新媒体平台的分类	
7	是否熟悉新媒体平台的特点	
8	是否了解新媒体营销的相关工作	
9	是否掌握新媒体营销人才的能力要求	
10	是否了解市场上主流的新媒体营销岗位	

项目检测

一、选择题

1. 企业在营销过程中，充分利用消费者的意见和建议，进行产品的规划和设计，为企业开拓市场打下基础。以上属于哪种新媒体营销模式？（　　）

    A. 病毒营销　　　　B. IP 营销　　　　C. 互动营销　　　　D. 事件营销

2. 相比传统媒体，新媒体具有哪些特点？（　　）（多选）

    A. 容量大　　　　B. 内容丰富　　　　C. 成本高　　　　D. 即时传播

3. 新媒体营销的常见模式有哪些？（　　）（多选）

    A. 互动营销　　　　B. 病毒营销　　　　C. IP 营销　　　　D. 社群营销

4. 基于相同或相似的兴趣爱好，通过某种载体聚集人气，通过产品或服务满足群体需求而产生的商业形态属于（　　）。

    A. 互动营销　　　　B. 病毒营销　　　　C. 事件营销　　　　D. 社群营销

5. 短视频是指一分钟以上（　　）以内的视频。

    A. 五分钟　　　　B. 十分钟　　　　C. 三分钟　　　　D. 八分钟

6. 新媒体平台的类型变得越来越多，大体分为哪几类？（　　）（多选）

    A. 音视频类平台　　B. 社交媒体类平台　　C. 资讯类平台　　D. 内容分发类平台

7. 抖音是哪家公司开发的平台？（　　）

    A. 阿里巴巴　　　　B. 腾讯　　　　C. 字节跳动　　　　D. 幻电

8. （　　）的特色是呈现多元化，智能推荐，内容发布操作简单，用户数量庞大，且多为一、二线城市的中产阶层。

    A. 快手　　　　B. 抖音　　　　C. 视频号　　　　D. 好看视频

9. （　　）的内容涵盖金融、文化、历史、娱乐、教育等领域，形式上既有音频播客的形式，也有音频直播的形式。

    A. 抖音　　　　B. 快手　　　　C. 喜马拉雅　　　　D. 知乎

10. 微博可以发布文字、图片、视频等，发布的文字内容一般较短，有（　　）字的限制。

    A. 150　　　　B. 160　　　　C. 140　　　　D. 100

二、判断题

1. 云会展在"面对面"到"屏对屏"的过程中，为用户带来内容更有趣、形式更丰富的参展体验，加速推动会展行业的数字化进程。（　　）

2. 新媒体营销是指利用媒体平台进行营销的方式。（　　）

3. 新媒体满足了人们随时随地互动、娱乐与信息沟通的需要。（　　）

4. 传统媒体基本上都是小众化的，而新媒体可以做到更加细分，可以面向群体，也可以面向个人。（　　）

5. 新媒体营销表现形式可以是单独的文字、音频或者视频，也可以是文字、音频、视频的融合体。（　　）

6. 今日头条是北京智者天下科技有限公司开发的原创内容平台，用户以中青年为主，80% 以上的用户拥有本科以上学历，大多生活在一、二线城市。　　　　　（　　）

7. 微信是目前热门的即时通信软件，由腾讯公司开发，主打熟人圈的社交媒体。微信提供了公众号、朋友圈、微信群、消息推送等功能。　　　　　　　　（　　）

8. 知乎能为用户推荐其关注和喜欢的内容，包含热点新闻、娱乐、军事、音乐、体育、生活资讯等多种内容。　　　　　　　　　　　　　　　　　　　（　　）

9. 快手是北京快手科技有限公司开发的短视频软件，用户主要是青少年，男性居多，大多生活在一、二线城市。　　　　　　　　　　　　　　　　　　（　　）

10. 百家号是百度公司为内容创作者提供的内容发布、内容变现和粉丝管理平台，可以让内容恰如其分地找到读者。　　　　　　　　　　　　　　　　　（　　）

三、简答题

1. 新媒体营销的特点有哪些？
2. 新媒体平台的类型大体分为哪几类？

项目二
策划新媒体营销

【项目描述】

各大短视频平台都是当下火热的新媒体营销平台。运营人员在了解用户的基础上，探究如何在用户身上实现运营的最高价值。与传统营销推广方式不同，新媒体营销更为主动，需要以发展的眼光看待用户，主动收集和分析用户数据以及内容数据，从中找寻可以吸引用户关注的热点和优质内容，由此实现产品营销。

【项目目标】

知识目标

⭐ 了解用户思维的定义、特征及意义；

⭐ 了解优质短视频内容的具体内涵；

⭐ 了解数据分析的五大指标；

⭐ 了解产品运营的概念及三大关键词。

技能目标

⭐ 能在工作中运用构建用户思维的核心四法则；

⭐ 能抓住用户痛点，并对内容进行垂直细分；

⭐ 能掌握数据分析的一般流程；

⭐ 能根据不同的产品制定不同运营策略，并根据产品所处的不同生命周期调整运营重点。

思政与素养目标

⭐ 了解《互联网信息服务算法推荐管理规定》，并在构建用户思维时能够合法运用算法了解客户；

⭐ 培养学生精益求精、开拓创新的工作态度；

⭐ 弘扬社会主义核心价值观和社会正能量，宣扬中华民族传统文化，宣传积极向上的流行风尚和生活方式；

⭐ 在产品运营时建立诚信经营、品质为根的运营理念。

```
策划新媒
体营销
├─ 构建用户思维
│   ├─ 用户思维的概念及特征
│   │   ├─ 用户思维的概念
│   │   └─ 用户思维的特征
│   ├─ 构建用户思维的意义
│   └─ 构建用户思维的核心四法则
│       ├─ 用户视角：树立正确的用户观
│       │   ├─ 锁定目标用户群体
│       │   ├─ 树立正确的思考路径
│       │   └─ 建立用户感知力
│       ├─ 用户共创：让用户主导产品创造
│       │   ├─ 产品共创
│       │   ├─ 内容共创
│       │   └─ 品牌共创
│       ├─ 用户体验：变成用户，洞察人性和文化
│       │   ├─ 注重用户的情绪、情感和潜意识的满足
│       │   ├─ 注重对人性的理解和满足
│       │   └─ 注意对不同群体的研究和文化满足
│       └─ 用户服务：打动用户的不单单是产品，还有直抵内心的服务
├─ 生产优质内容
│   ├─ 创建选题库
│   │   ├─ 以用户为中心
│   │   ├─ 保证价值输出
│   │   ├─ 保证内容垂直度
│   │   ├─ 选题内容考虑运营需求
│   │   ├─ 选题内容多结合行业或网络热点
│   │   └─ 增强互动性
│   └─ 生产优质内容
│       ├─ 优质短视频内容的特性
│       │   ├─ 凸显内容的价值性
│       │   │   ├─ ①丰富用户的知识、见闻
│       │   │   ├─ ②为用户提供娱乐感
│       │   │   ├─ ③提升用户的生活质量
│       │   │   └─ ④激发用户的积极情感
│       │   └─ 坚持内容的原创性
│       ├─ 短视频内容要触及用户痛点
│       │   ├─ 深度
│       │   ├─ 细度
│       │   └─ 强度
│       └─ 对短视频内容进行垂直细分
│           ├─ 确定核心目标人群
│           ├─ 聚焦主题场景
│           └─ 打造生活方式
├─ 分析数据
│   ├─ 用户数据分析
│   │   ├─ 分析用户基础数据
│   │   └─ 分析用户行为数据
│   └─ 短视频平台数据分析
│       ├─ 数据分析的流程
│       │   ├─ 收集数据
│       │   ├─ 整理数据
│       │   ├─ 表达数据
│       │   ├─ 分析数据
│       │   └─ 得出结论
│       ├─ 数据运营的五大指标
│       │   ├─ 播放量
│       │   ├─ 点赞量
│       │   ├─ 评论量
│       │   ├─ 转发量
│       │   └─ 关注量
│       └─ 数据分析的常用工具
└─ 营销产品
    ├─ 产品运营的概念
    └─ 不同产品的运营策略
        ├─ 新媒体产品分类
        │   ├─ 独立产品
        │   ├─ 平台产品
        │   └─ 入驻产品
        ├─ 平台产品运营策略
        │   ├─ 规则引号
        │   ├─ 活动统筹
        │   └─ 渠道搭建
        └─ 入驻产品的运营策略
            ├─ 入驻产品的分类
            └─ 具体运营策略
                ├─ 排名优化
                └─ 口碑传播
```

案例导入

某路由器在 2015 年初刚上市时，通过用户调研发现，大部分用户都是采用无线接入，于是在保证信号强度的前提下采用了内置天线，只保留了两个网线接口，外形是鹅卵石形状，小巧精美。就是这个看似完美的产品，却遭遇了销售的困境。用户觉得"那么小一个盒子，怎么会这么贵""没有天线，信号肯定不行""接口那么少，将来不够用了咋办"……可见，用户对路由器产品的理解和期望是另外一番情况。

后来，公司根据用户的反馈，对产品做了改进：调整了产品尺寸，增加了天线和网口，如图 2-1 所示，终于赢得了消费者的青睐，年销量在智能路由器市场上名列前茅。

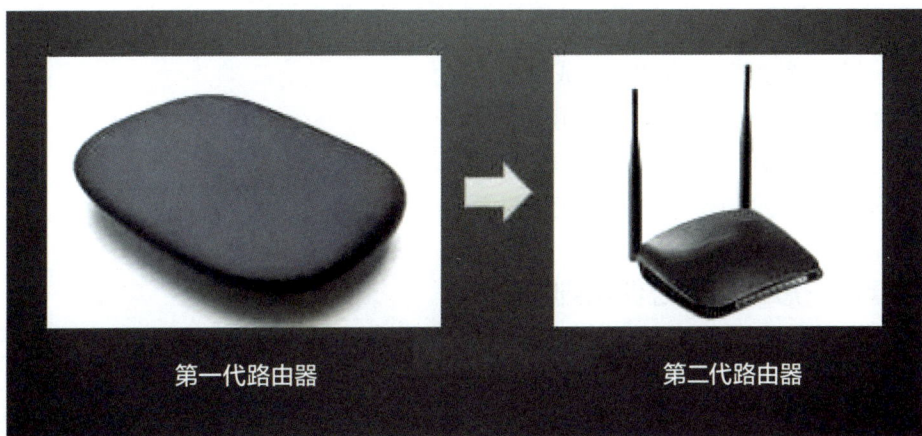

第一代路由器　　　　第二代路由器

图 2-1　路由器迭代图示

任务描述

通过本任务的学习，了解用户思维的核心概念和特征，深刻认识构建用户思维的意义，掌握构建用户思维的核心四法则。

知识讲解

一、用户思维的概念及特征

1. 用户思维的概念

用户思维是指以用户为中心，针对用户的个性化、细分化需求，提供各种针对性的产品和服务，真正做到"用户至上"。用户思维是互联网思维的核心，其他思维都是在用户思维的基础上展开的。

微课

构建精准的
用户画像

2. 用户思维的特征

（1）把用户当朋友

用户思维是打动思维。把每一位消费者都当成朋友，产品是他们产生关系的媒介。

（2）产品超出用户的期待

用户思维是信任与认同的思维。想让消费者成为忠实的用户，打动消费者只是一个开始，还需要取得他们的信任感与认同感，这就需要让产品体验超出他们的预料之外，在满足基本诉求之外，还能带给他们良好的产品体验和认同。

（3）社群运营思维的体现

用户思维是社群运营思维。用户思维模式就是通过持续不断的体验，让用户从关注到产生兴趣，再到成为使用者，然后变为粉丝，最后形成社群。

二、构建用户思维的意义

①提升用户精准度，有助于形成付费转化；

②通过核心用户的打造，实现用户裂变；

③通过"老带新"，与新用户建立信任；

④打造产品核心竞争力，防止竞争对手超越。

三、构建用户思维的核心四法则

1. 用户视角：树立正确的用户观

构建用户思维，树立正确的用户观至关重要，养成以"用户为中心"的思维方式，主要分为以下三个步骤。

（1）锁定目标用户群体

不同类型的产品面向的用户是不一样的，满足客户的需求也不一样，构建用户思维不可缺少的就是了解目标客户需求，构建精准的用户画像就是勾画目标用户、联系用户诉求与设计方向的有效方法。

用户画像的构建主要分两步进行：第一步提炼用户标签；第二步用故事描述用户画像。

①提炼用户标签。

用户标签 = 固定属性 + 用户路径 + 用户场景（表2-1）。

表 2-1　用户标签体系

标签类别	标签内容
Who： 固定属性	这是指用户的基本特征，这些特征在短时间内不会发生变化，包括用户年龄、性别、职业、地区、学历等
Where： 用户路径	用户的互联网浏览喜好，包括打开频率高的聊天软件，常用的搜索网站、购物喜好平台等
What： 用户场景	这是指用户在特定场合或特定时间的动作，如早上起床、上下班路上、晚上睡前等场景内，用户如何学习、如何娱乐等

②用故事描述用户画像。

提炼出用户标签就是呈现出了用户画像的基本轮廓，接下来用故事描述画像，以呈现完整的用户特征，按照标签进行文字延伸，做到完整化、细节化。

（2）树立正确的思考路径

运营者应该明白一个事实——自己不一定就是产品的目标用户，所以把自身作为理想用户的思维方式往往是不正确的。应该把产品的思考路径从"我→需求→产品功能→用户"，变为"用户→需求→产品功能→用户"，弱化自己在产品需求中的介入（图2-2）。即便你是目标用户之一，也只能代表部分用户，并不能完全说明问题，把自己的经历以偏概全作为观点来输出往往会犯错误，尤其是产品管理者，需求和解决方案都要回归到用户身上去思考（图2-2）。

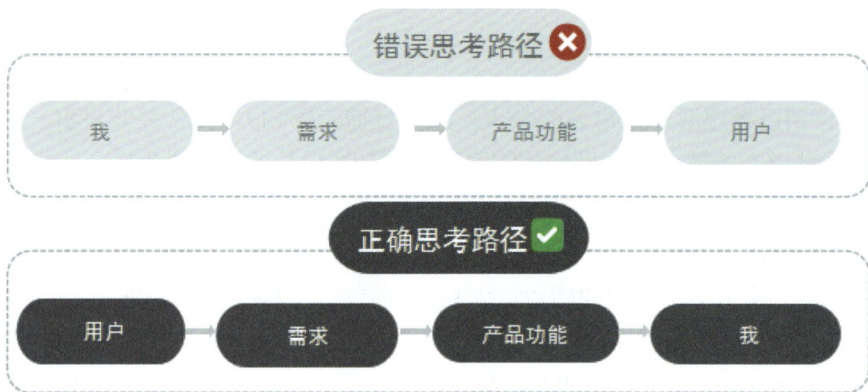

图2-2　正确、错误思考路径对比图

（3）建立用户感知力

凡事"纸上得来终觉浅"，运营者真实、批量接触用户后，就会发现自己的想法有多片面和狭隘，甚至会完全颠覆之前的想法，这时才真正感知到用户的存在，了解需求发生的背景，用户行为、偏好、情绪和动机等，这些用户感知信息才是矫正业务判断和产品设计的牢固根基。

建立用户感知力首先要通过各种途径和用户建立联系，方法除了正式的用户调研以外，还有以下路径，如基于业务从公司内部召集建立一些用户群；建立业务的反馈渠道，如论坛留言或者意见反馈入口等；从 App Store、公司客服或其他渠道收集用户反馈；从公司部门或个人人脉范围进行非正式用户调研；委托市场部门招募正式用户，进行访谈或实地考察。

腾讯公司之前提倡过 10/100/1 000 原则，即每个月要访谈 10 个用户，要在网上回复 100 个用户留言，每个月要收集 1 000 条体验优化反馈。这种做法一直被行业津津乐道，足以凸显触达真实用户的重要性，在当前浮躁的环境下，通过触达用户来辅助产品设计的意义更为重大。

2. 用户共创：让用户主导产品创造

新消费浪潮来临的今天，产品创造是一个用户需求逆向回溯的过程。用户共创是用户更加个性化、自主化、体验化地参与到整个品牌产品的内容生产过程之中。

用户共创的实现路径如下：

（1）产品共创

目前产品同质化严重，用户在众多产品中很难找到适合自己的产品。让用户共同创造产品，共同参与产品的设计、制造的过程，既能真实洞悉用户在特定场景中的需求痛点，又能吸收用户的产品创意，更精准指导产品优化方向，新品研发思路和品牌营销策略。

例如，某化妆品牌邀请用户成为产品体验官，参与测评其每一款产品，并真实反馈使用体验。至今，已经拥有了超过 10 万名产品体验官。在用户共创下，用户真实的需求得到及时传达，该品牌才能够保证产品质量，其大部分爆款产品的天猫评价分是 4.9分，得到了广大用户的认可。

（2）内容共创

在 IP 营销已经逐渐成为常态的今天，想要打造有影响力的 IP 并非易事，对于品牌而言，IP 是能够有持续商业开发价值的无形资产。在以往的营销过程中，大多数品牌往往是站在品牌端思考 IP 营销，而忽略了用户端，从而难以高效触达。这种情况下，用户成为品牌的出口，内容共创为品牌创新提供了思路，与用户共创品牌内容能够持续扩展想象力边界，输出与时俱进的创意，为品牌沉淀更多内容资产，同时也让用户成为品牌传播的媒介，主动为品牌发声。

2021 年，真正谈得上刷屏的营销事件，无论是上半年风靡抖音和 B 站鬼畜区的蜜雪冰城主题曲、社交平台刷屏的网易云人格主导色 #H5，还是下半年新晋"顶流"威震天和玲娜贝儿，能够成为公共记忆很大程度上都与用户创造内容和口碑讨论的有效利用有很大的关系。

（3）品牌共创

用户共创的核心在于品牌共创，品牌建设和维护已不再是企业单方面的事情，而是强调用户的参与，赋予用户部分的品牌权利，将用户置于品牌建设与创造的重要角色，这也意味着品牌营销从商品层面上升到了品牌层面。用户共创品牌不仅在于解决问题，构思创意，还在于与用户建立平等、友好、合作的关系，增强用户对品牌的忠诚度，为品牌获取更多的拥趸，构建品牌长期的"护城河"。

某汽车品牌就是一个典型。其每一款"上市即爆款"的车型背后，都有用户共创的一份功劳。2021 年 6 月，该汽车品牌发布了用户品牌"我们"，一个专门为用户搭建的共创平台，将由用户主导、用户主理、用户运营，以用户共识定义品牌文化，并开始以此为核心构筑用户共创体系。

3. 用户体验：变成用户，洞察人性和文化

理解用户最好的状态是让自己变成产品的忠实用户，变成和目标用户相同的思维模式和行为模式，去体验产品、发现问题、解决问题。把思维改变为用户模式，这是运营任何产品的最佳状态，否则运营只能浮于表面。

（1）注重用户的情绪、情感和潜意识的满足

例如，用户在游戏中达成目标所释放的满足感，对游戏中出现卡顿或挫败表现出愤怒。这时候只有让自己变成用户，才能理解用户的情绪爆点，也才能满足用户的情绪和情感。例如，钉钉在持续按住"赞"的时候，表情包会变大，完全满足了用户情绪和情感的释放（见图2-3）。

图 2-3　用户体验案例

（2）注重对人性的理解和满足

用户需求都是基于人性产生的物质和精神层面的需求。用户需要什么？讨厌什么？什么样的东西能引起用户的情感波动？什么样的东西又能激发出源自用户内心深处的好感？

例如，电商用户对于运费的排斥——这就是人性的特点，买东西就是一口价，即使有的产品原价＋运费比其他平台还要便宜，用户的第一反应往往是：还要运费啊，太贵了。甚至有的用户因为运费切换到另一家电商平台购买，这都很正常。

（3）注重对不同群体的研究和文化满足

不同群体文化表现出的需求不同。为特定角色做产品要想切中他们的需求，需要了解其背后的群体文化。要充分研究这个群体的集体人格、共同记忆和核心观念。例如，二次元、动漫等用户群体，他们产生的需求往往非常强烈，为他们提供产品和服务，用户需求忠诚度会较高，这也是服装品牌推出动漫联名款文化T恤衫常会被哄抢一空的原因。

4.用户服务：打动用户的不单单是产品，还有直抵内心的服务

互联网思维讲究口碑为王，信息泛滥时代，酒香也怕巷子深，而口碑无疑是取得用

户信任的最佳手段。在产品同质化越来越严重的今天，利用差异化服务创造更多附加值，从而打造良好口碑，无疑是品牌和产品的最佳选择。

例如，某火锅店为等位的用户提供一些免费的小零食、饮料，以及美甲、擦鞋、肩膀按摩等服务。对于企业而言，其最终目的是能够增加餐厅的上座率，有效避免用户流失，这就是服务对企业带来的价值。

💬 思政园地

在制作过度和传播过度的时代，摸清用户需求，从而始终站在客户的角度，输出对顾客有价值的信息和产品是至关重要的。做坚果生意的某淘品牌，把用户思维推向极致。通过用户分析确定女性消费者和学生群体为目标用户，设计出品牌漫画形象，情感化服务俘获人心，同时建立品质和服务追溯系统，贴心的用户服务和强烈的社会责任感让它在互联网竞争激烈的今天站稳脚跟。

📶 任务实施

学生实训工作单

【工作情境】

经过多轮严格的面试，小美成功入职成星文具用品公司的新媒体营销专员岗位。公司最近准备开发新的文具产品，计划改变传统的开发模式，先做一系列的网络推广准备工作，构建精准的用户画像并制订用户共创策略，从而指导后期产品的开发及运营工作。这是小美进入公司后接到的第一个任务。

【工作任务书】

工作任务	构建精准用户画像并制订用户共创策略
工单描述	构建文具产品的精准用户画像并制订产品关于用户共创的策略
任务目标	通过文具用户画像的构建，了解用户的需求和指导产品的后期设计；制订用户共创的策略是为了颠覆传统文具的运营策略，真正生产符合中小学生期待的文具产品，进而打开文具的销路，一步步占据文具市场

任务要求	用户画像：以目前市场上销售额领先的文具产品为参照对象，构建文具目标用户的清晰画像； 共创策略：以面广及利于操作、成本低的方式制订策略
工作步骤	①利用"用户标签＝固定属性＋用户路径＋用户场景"的公式提炼出用户标签； ②用故事描述画像，以呈现完整的用户特征，按照标签进行文字延伸，做到完整化、细节化； ③根据产品共创、内容共创、品牌共创三大用户共创的实现路径制订产品的用户共创策略
素材来源	百度／抖音／淘宝
工作难度	□简单　　□一般　　☑偏难　　□困难
注意事项	①收集信息的渠道要透明，不要采用非法手段获取用户隐私； ②制订用户共创策略时要利用合法策略，不可使用非法营销策略，更不可在未经监护人同意下与未成年人达成共创协议； ③在制订用户共创策略时，要遵循健康向上的文化理念，不可利用未成年人猎奇心态指导产品共创策略的实现
评价标准	□是否根据用户标签公式提炼出了用户标签 □是否构建出了清晰的用户画像 □是否构建出了包含产品共创、内容共创、品牌共创的完整用户共创策略 □构建的用户共创策略是否具有可操作性

任务二　生产优质内容

案例导入

淘宝直播于 2019 年 4 月启动"村播计划"，农民通过在原产地直播的方式，实现农产品销售。经过精心设计和策划，品牌直播间带领观众沉浸式感受国风韵味的生活情景，完整呈现了农产品从农田到餐桌的全过程，让柴、米、油、盐、酱、醋、茶的田园生活染上静谧、美好、浪漫的色彩。其视频内容没有过多讲解，通过静谧山水和人物相宜，营造出悠然自得、天人合一的意境，让生活在喧嚣都市的观众在观看过程中得到身心的愉悦和放松。

任务描述

通过本任务的学习，学会选题，了解短视频内容的特性，学习如何触动用户痛点，如何对内容进行垂直细分。

微课

如何创建
选题库

知识讲解

一、创建选题库

创建选题库时应考虑如下几点：

1. 以用户为中心

在建立选题库时，以用户为中心就要求选题内容不能脱离用户需求。也就是说，在策划选题时，要优先考虑用户的喜好和需求，这样才能最大限度地获得用户认可，并保证传播效果。

2. 保证价值输出

选题的内容一定要有价值，向用户输出有价值的信息内容。选题要有创意，这样就更容易激发用户产生收藏、点赞、评论和转发等行为的欲望，促进裂变传播。

3. 保证内容垂直度

在确定某一内容领域后，不要轻易更换，否则容易引发因垂直度不够而导致的用户定位不精准的问题。因此在确定选题时，创作者要在某一个领域长期输出有价值的内容，提高自己在该领域的影响力，这样更容易获得平台的流量支持。

4. 选题内容考虑运营需求

做好选题并不意味着推送一定会成为爆款。以短视频为例，很多短视频创作者创作的短视频，虽然画质精美，内容优质，但点击量很少，其原因可能只是由于不符合运营规律。例如，短视频的内容与其标题匹配度越高，就越容易被平台推荐，从而吸引用户点击观看。

同时，在选题策划时就应该先想好标题，最起码是已经确定了标题的大致思路。只有这样才能在确定选题之后让标题贴近热点，帮助运营人员在后续工作中不断跟进热点。

5. 选题内容多结合行业或网络热点

在逐步丰富了个人选题库后，还应提升自己的新闻敏感度，善于捕捉并及时跟进热点，方便选题内容在短时间内获得大量的流量曝光，从而吸引用户关注。

6. 增强互动性

在选择内容时很重要的一点就是互动性，而且互动性能够很明显地影响后期的选题推送。

二、生产优质内容

1. 优质短视频内容的特性

（1）凸显内容的价值性

随着短视频数量井喷式增长，用户对短视频内容质量的要求逐步攀升。优质内容以解决用户需求为导向，其关键之一在于凸显内容的价值性。具体体现在以下四个方面：

①丰富用户的知识、见闻。

人们在快节奏的生活和工作之余，不断丰富自身知识储备，提升专业技能水平，对知识多样化、全方位、高层次的需求，已然成为其日益增长的美好生活需要的重要组成部分。因此，短视频需要符合如下要求，才能丰富用户的知识、见闻。

• 实用：用户利用碎片化时间关注短视频内容，主要目的是能应用于生活和工作中。

• 专业：知识型短视频需在确保所展示内容准确无误的前提下，具有一定的专业深度。

• 易懂：专业性较强的理论知识，需以深入浅出的方式讲解透彻；技能类知识需清晰讲解操作步骤和方法，使用户可以即学即用。

②为用户提供娱乐感。

娱乐性是现代传媒的本质属性之一。在全民快节奏的生活中，观看短视频成为缓解身心压力的新型娱乐方式，短视频内容通过娱乐的形式，带给用户趣味的、放松的、愉悦的感官享受，也成为用户重要的信息表达和获取通道。

③提升用户的生活质量。

生活中，人们难免遇到或大或小的种种难题，如脸上长了痘痘、衣服上有顽固污渍等，这些问题如果无法解决，一定程度上将会影响用户的正常生活。相反，如果视频内容可以针对某些问题，给出可行性的解决方案，切实帮助用户解决生活难题，提升其生活品质，则更容易得到用户的认可。

④激发用户的积极情感。

在众多短视频类型中，带有震撼、感动、搞笑、励志、治愈、解压等因素的内容都具备强烈的情感性，是用户内心的折射和情感的体现，也是影响其选择短视频内容的关键要素之一。

（2）坚持内容的原创性

当下，尽管用户喜欢的短视频内容多种多样，但只有原创内容才具有长久的生命力。原创内容要符合以下三点要求。

• 有个性：原创短视频内容可以更好地体现出自身的创意和个性，加强辨识度。

• 有情趣：短视频内容如果情感真切、趣味性强，就更容易引发用户的强烈共鸣，从而引发其分享、点赞与评论等行为。

• 有热点：视频内容可通过与实时热点产生关联的方式，获得和增加用户关注度。

2. 短视频内容要触及用户痛点

"痛点"是指用户未被满足的或急需解决的需求。短视频的内容只有戳中用户的痛点，才能吸引用户观看。因此，在进行短视频内容策划时，创作者要触及用户的痛点，可以参照以下三个维度进行。

（1）深度

深度是指用户在观看短视频内容时的本质需求，具有延展性。

以小红书平台某吃播账号为例，大部分人对美食都没有抵制力，同时也面临身材走样的苦恼。该账号创作者通过一定时间内挑战主要吃某类食物（不损害身体健康的情况下），或连续打卡减肥，既检验了饮食结构对人体的影响，又解决了大部分人虽然好奇，却没有毅力坚持的痛点，因此牢牢收获了关注度。

（2）细度

细度是指将用户的痛点进行细致分类。在细分用户的痛点时，可以遵循如下四个步骤（见图2-4）。

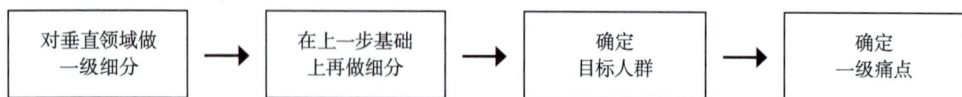

对垂直领域做一级细分	→	在上一步基础上再做细分	→	确定目标人群	→	确定一级痛点

图 2-4　用户痛点分类步骤图

（3）强度

强度是指用户解决痛点的急切程度。在生产优质内容时，创作者可以通过查看短视频评论区的用户留言，从中寻找并确认用户解决痛点的急切程度。

3. 对短视频内容进行垂直细分

（1）确定核心目标人群

通过分析目标人群的痛点，创作符合其特质和需求的视频内容，从而能有效增加目标人群的黏性。

（2）聚焦主题场景

通过深入挖掘短视频内容的场景化表达，可以进一步契合该场景下的用户特征，从而明确账户运营的定位和方向。

（3）打造生活方式

除此以外，短视频创作者还需要打造一种用户理想化的生活方式，使之在追逐这种生活方式的同时，接受与之相关联的产品。

💬 思政园地

创新是一个民族进步的灵魂，是一个国家兴旺发达的不竭动力。某电视台的出圈印证了内容为王永不过时。从《唐宫夜宴》到《无宵奇妙夜》再到《七夕奇妙游》均把虚拟技术用在传统节目中，重点放在小屏，在B站、头条等年轻用户聚集之地使用年轻化语言和形式互动进行平台发布，成功圈了一波又一波的年轻粉丝。

🔊 任务实施

学生实训工作单

【工作情境】

临近"考试季"，小美根据前期的准备工作，将用户主要定位为学生和白领。文具属于快消品，单价不高但竞品众多。小美的新任务是要把握用户的需求和痛点，以原创内容推荐产品。

【工作任务书】

工作任务	生产优质内容
工单描述	以"冲刺考试周，学生党考前必备"创建选题，自行撰写文具描述文案，或搜索与之相关的关键词，参考其他同类产品视频的旁白描述。要求能运用"感官性描述"体现文具特点，让观众能想象到自己使用文具的场景
任务目标	通过文具相关介绍，调动用户对推介产品的兴趣，进而购买主推的产品
任务要求	目标用户：学生标签群体为目标用户； 选题方向：以实用文具类为主
工作步骤	①根据视频选题从各渠道进行选品，下载产品展示高清图片素材； ②进行用户基础数据分析； ③根据产品关键词，撰写图标符号标题； ④调研备考文具的产品价值、用户需求和痛点，撰写视频旁白
素材来源	小红书 / 微博 / 抖音 / 淘宝
工作难度	□简单　☑一般　□偏难　□困难
注意事项	①禁止出现任何其他同质、同类产品； ②不要投机取巧，不要盗用他人作品，要保证原创； ③选题避免选择敏感、负面或风险较高的内容； ④内容要清晰，能够有效展示产品特点
评价标准	□是否能正确选题 □是否创建合适的图标符号标题 □视频内容是否具有趣味性 □视频内容是否引起了目标群体的兴趣

【工作任务相关知识与技能】

选题方向以盘点为主，做法有两个：根据关键词做盘点，如好吃不贵的网红小零食；根据单品盘点，如 10 款最好吃的辣条。

视频文案结构：点明主题 + 排名 + 引导文案。

任务三 分析数据

案例导入

某款汽车在2015年3月2日上市，是一款诉求为"懂你"的车，营销的目的是希望通过对老用户的浏览行为和购买决策的数据分析，推演出新客群的用户特征，迅速找到新用户，进而对用户进行精准的营销触达，提高广告点击转化率和定金下单率。该汽车公司通过对阿里巴巴后台数据库中往期购买用户的数据进行分析，确定购买用户的标签属性，以年龄在25~35岁，女性为主，60天内了解过该车的用户。基于这些标签属性和国内外大数据精准营销案例的分析数据，与阿里巴巴的后台用户数据进行标签匹配，数据范围和维度扩展到阿里系下的全网用户数据，抽取出与历史数据高度匹配的阿里系数据，然后对这些用户进行营销推广。最终达到的营销效果是广告投放点击打开率大幅提升，下定金的客户中80.3%来源于这些标签维度筛选出来的用户，营销效果超出预期。

任务描述

通过本任务的学习，了解如何进行用户数据分析，并以短视频数据分析为例，掌握短视频数据分析的一般流程、数据运营的五大指标和数据分析的常用工具。

知识讲解

一、用户数据分析

通过分析用户数据，对用户的具体情况、产品需求等进行全面解读，从而实现长期运营、精准营销的目的。分析用户数据，主要是分析用户的基础数据和行为数据。

1.分析用户基础数据

分析用户基础数据是为了更好地了解用户特征，通过分析相关信息，帮助运营人员精准找到用户群体，建立目标用户画像，从而将产品和用户需求完美融合。用户基础数据一般包含年龄、性别、联系方式、学历层次、职业收入、地域（图2-5）。

图2-5 用户基础数据

2.分析用户行为数据

用户行为数据，包括购买频率、购买数量、购物偏好、访问时长、搜索信息、使用行为等。通过分析用户行为数据，可以更加明确用户的使用行为，以便更深入地了解用户喜好。

二、短视频平台数据分析

在短视频创作和运营中，视频数据分析能指导账号的内容方向，甚至能决定一个账号的热度。从数据中寻找可以吸引用户关注的优质内容，并通过数据对新增的用户和流失的用户进行详细分析，可以更好地助推运营。

1. 数据分析的流程

（1）收集数据

收集数据是网络运营人员通过数据优化内容和团队配置的第一步。目前，市面上有很多成熟专业的短视频分析平台，可以通过平台横向监测数据，了解视频反馈，得出运营建议。

（2）整理数据

将数据通过后台导出，巧用 Excel 表格，按需求进行整理，常用方式如图 2-6 所示。

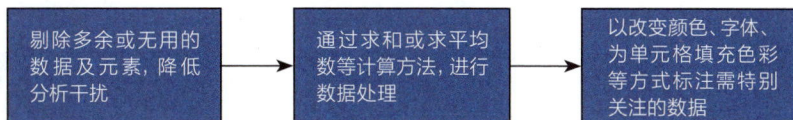

剔除多余或无用的数据及元素，降低分析干扰 → 通过求和或求平均数等计算方法，进行数据处理 → 以改变颜色、字体、为单元格填充色彩等方式标注需特别关注的数据

图 2-6　整理数据的常用方式

(3) 表达数据

数据的表达方式多种多样，单纯依托表格的形式往往无法让人一目了然。因此可结合饼状图、曲线图、条形图等多种形式表达数据，方便运营者分析，见表 2-2。

表 2-2　数据表现形式

表现形式	数据内容
曲线图	分析数据随时间连续变化的趋势
饼状图	显示一个数据系列中，数据大小与数据总和的关系
条形图	对比分析各类数据情况
面积图	强调数量随时间变化的程度
散点图	比较跨类别的聚合数据

（4）分析数据

在选取恰当的数据表达形式后，通过对数据进行不同维度的对比，从中找到一些特殊点，并结合运营情况进行分析，为后续运营积累经验。

（5）得出结论

通过纵观全局，以结论解释造成这种数据的原因，以便在后续运营中调整方向，从而增加内容曝光度，吸引用户，最终获得收益。

2. 数据运营的五大指标

（1）播放量

播放次数的多少是短视频发布后需要关注的首要因素。播放量分实际的结果量（累计播放量）和同期相对播放量、对比播放量。

通过数据分析，可以发现用户集中跳出视频的时间节点。为避免下次出现类似问题，以便用户完整观看视频，提升完播率，可采用如图 2-7 所示的方法。

| 控制视频总时长 | → | 选用高热度背景音乐 | → | 提升视频画面质感 |

图 2-7　提升完播率的方法

（2）点赞量

点赞量是视频受欢迎程度的数据化显现。正常的点赞数和"粉丝"数的比例，约为 10:1。为了不断提升点赞数，可采用如图 2-8 所示的方法。

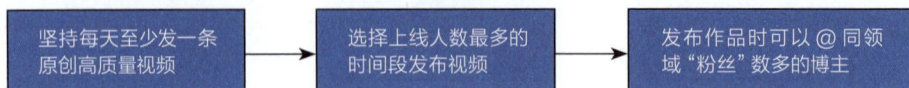

| 坚持每天至少发一条原创高质量视频 | → | 选择上线人数最多的时间段发布视频 | → | 发布作品时可以 @ 同领域"粉丝"数多的博主 |

图 2-8　提升点赞数的方法

（3）评论量

高评论量视频说明视频内容让用户有强烈的表达欲望，或许触动了用户痛点，可通过语言引导评论区留言，或直接在评论区进行评论引导，增强互动性。

（4）转发量

转发量是指用户转发该视频的数量。高转发量视频，可以满足用户的社交需求。测评类、知识类等具有一定专业性的视频内容容易被转发。

$$转发率 = \frac{转发量}{播放量} \times 100\%$$

（5）关注量

关注量是指关注账号的用户人数，是账号内容价值的体现。当用户关注账号后，运营人员就要持续不断地输出高质量内容，以获得涨粉数。

3. 数据分析的常用工具

为提升工作效率，运营人员在进行数据收集和分析时，可充分利用第三方数据分析工具。下面进行简单介绍，见表 2-3。

表 2-3　数据分析工具

平台	简介
飞瓜数据	一款短视频及直播数据查询、运营及广告投放效果监控的专业工具，提供短视频达人查询等数据服务，并提供多维度的抖音、快手达人榜单排名，电商数据，直播推广等实用功能
抖查查	拥有抖音排行榜、热门视频、脚本库、电商分析等数据分析和查询功能，提供热门视频、音乐、爆款商品及优质账号，利用大数据追踪短视频市场趋势及流量趋向，助力抖音账号的运营内容定位、粉丝增长、粉丝画像优化及流量变现

思政园地

　　无论是从自身的经济社会影响力来看还是从其对公众舆论的吸引力来看，当下无疑是数字新媒体的时代。数字新媒体的影响力突破了媒体和信息传播领域，深刻影响了人类的生存方式、社会的构成形式、企业的商业模式和国家的治理范式。以新媒体数据洞察为基础，精细化运营，应用大数据智能驱动营销，赋能企业营销决策，驱动企业商业目标，实现共创共赢。

任务实施

学生实训工作单

【工作情境】

　　公司需要在全网范围内，围绕喜爱时尚文具的学生和白领，打造多个新媒体推广渠道，并且交由小美所在的团队全权负责。小美的任务是收集并分析用户数据，指导后期产品的开发及运营工作。

【工作任务书】

工作任务	收集并分析用户数据
工单描述	收集并分析用户数据以指导产品推广
任务目标	通过用户数据分析，精准定位用户需求，以便调整产品推广策略
任务要求	分析用户基础数据和行为数据； 根据数据分析情况，绘图进行表达
工作步骤	①根据用户特征，建立目标用户画像； ②根据用户购买频率、购买数量、购物偏好、访问时长、搜索信息、使用行为等信息进行用户行为数据分析； ③绘制图表展示用户数据
素材来源	抖音 / 淘宝
工作难度	□简单　　□一般　　☑偏难　　□困难
注意事项	收集信息的渠道要透明，不要采用非法手段获取用户隐私
评价标准	□是否准确分析用户基础数据 □是否根据用户的行为数据准确定位用户喜好和需求 □是否合理选择图表表达数据

任务四 营销产品

案例导入

美团的出现使得本地化服务从线下迁移到线上，解决了用户每天最基本的吃喝玩乐去哪里的问题。分析美团的成长历程，可以看到它主要采用了如下运营策略：通过好友邀请实现了社交需求；通过生长值 VIP 体现了尊重需求；通过优质评价完成了消费者的自我实现；采用推荐返利、积分奖励、积分换购等策略鼓励用户消费，同时运用每日"上新"，让用户每天都有不一样的新鲜感，以此增加用户黏度……不得不说它的崛起与它所采取的运营策略是密不可分的，由此可见产品运营的重要性。

任务描述

通过本任务的学习，理解产品运营的概念，了解产品的分类，掌握独立产品、平台产品、入驻产品的运营策略，掌握产品运营各个阶段的特征并有针对性地选择运营重点。

知识讲解

一、产品运营的概念

产品运营是指从内容建设、用户维护、活动策划三个层面来连接用户和产品，并产生产品价值和商业价值的新媒体手段。

二、不同产品的运营策略

1. 新媒体产品分类

产品类别划分的方法多种多样，但是在进行产品运营工作时一般将产品分为三大类。

第一类：独立产品，即企业独立开发且满足某项独立功能的产品，如网易云课堂。

第二类：平台产品，即平台方开发后邀请企业或个体入驻的产品，如淘宝、京东。

第三类：入驻产品，即入驻平台并提供商品、课程、咨询等内容的产品，如唯品会商品、京东电子书等。

独立产品和平台产品都属于需要开发与升级的互联网产品，其运营有大量相似之处。另外，平台类产品的运营策略更缜密，独立产品可参照平台产品的策略进行运营，因此，下面主要探讨平台产品及入驻产品的运营策略。

2. 平台产品运营策略

平台产品（本任务以下简称"平台"），是指本身不销售产品，依托平台生态系统连接用户及产品提供者的网站或软件，典型的平台包括淘宝、京东、喜马拉雅等。

为了促进人气提升，平台运营者应采取如下运营策略：规则引导、活动统筹、渠道搭建。

（1）规则引导

每个平台都有自己的运营规则，它是平台运行的总纲领，作为平台运营者必须在商

微课

为产品匹配
营销策略

家入驻之前或者用户注册之前，把相应的规则制订出来并严格按照规则去执行，好的规则可以很好地规范入驻者和用户的行为，从而保证平台的正常运营。例如，京东就制订了清晰的平台运营规则，一方面将消费者在购物过程中可能遇到的所有问题提前说明，另一方面对商家开店、运营、退款、处罚等相关规则进行具体描述，如图2-9所示。

图2-9 京东平台规则

（2）活动统筹

虽然入驻平台的商家可以独立组织活动，但全平台所有商家的联动活动更容易引发网民和媒体的关注，更容易提升平台热度。因此，平台运营者可以借助法定节假日或自创节日，组织全平台的活动，较典型的平台活动包括天猫"双11"、京东"618"等。

（3）渠道搭建

为了获取更多流量，平台运营者需要设计流量矩阵并搭建引流渠道。

引流渠道包括官方自媒体、合作网站、合作自媒体、付费广告投放等。其中，引流效果较快的是付费广告投放，如投放百度搜索页广告、投放腾讯广点通广告、投放论坛横幅广告、投放视频广告等。

例如，为了吸引更多流量，京东尝试在互联网、报纸、电视等多个渠道进行推广。

①在腾讯广点通投放广告，如图2-10所示。

图2-10 腾讯广点通广告图示

②在百度搜索页投放广告，如用户搜索手机、冰箱等词就会出现京东网站，如图2-11所示。

图2-11 百度搜索页广告

③投放电视广告，如图2-12所示。

经过全方位的广告轰炸，京东品牌深入人心，京东平台的流量持续放大，入驻平台的商家也获得了更好的曝光和更大的销售额。

图2-12 电视广告图示

3. 入驻产品的运营策略

（1）入驻产品的分类

入驻产品就是用户在某个平台上注册了一个账号，把相关服务或者产品上传到该平台上。入驻产品大致分为三类：内容类、应用类和实体类。

内容类入驻产品即通过内容平台进行图文销售的产品，简单来说就是为知识买单，如"得到"的专栏、"知网"上的期刊、文献等，如图 2-13 和图 2-14 所示。

图 2-13 "得到"的专栏

图 2-14 "知网"的期刊

应用类入驻产品很容易理解，就是通过应用市场下载的产品，如 App Store 的软件、微信小程序等，如图 2-15 和图 2-16 所示。

图 2-15 App Store 的软件

图 2-16 微信小程序

实体类入驻产品则是指通过淘宝、京东等平台销售的衣服、食品、家电、书籍等产品。

（2）具体运营策略

入驻产品的运营策略主要是排名优化、口碑传播。

①排名优化。

平台更关注流量，入驻产品更关注排名。入驻产品需要提升自身的排名，将平台流量有效地引导至产品页面。各大平台一般都有搜索功能，而有搜索功能就有排名，产品排名越靠前，曝光效果越好。运营者需要在标题、描述、销量、评价四个方面进行排名优化。

例如，在京东平台上搜索平板，搜索排名第一位是华为的平板电脑，主要原因是该产品在标题、描述、销量、评价四个方面均优于同类产品。

首先是标题。华为在产品主标题及副标题加入了用户搜索频率较高的关键词，如"华为 MatePad11，120Hz 高刷全面屏｜ HarmonyOS ｜莱茵低蓝光护眼""MatePad 新品上市｜专属教育中心"等。

其次是描述。产品详情页除了精美的图片外，增加了"高刷全面屏""蓝光护眼"等关键词的密度，进一步提升搜索效率。

再次是销量。该产品的销量也位居同类电子产品榜首。

最后是评价。差评率过高将直接影响排名，为了提升评价，该产品做了两方面的工作：一方面，在生产过程中严格把控产品质量；另一方面，鼓励购买者留言，给出对产品的建议。由于做好了这两项工作，该产品的好评率保持在99%。

围绕标题、描述、销量、评价四个方面进行优化，华为 MatePad 11 获得了销量与口碑的双提升，如图 2-17 所示。

图 2-17 排名优化案例

②口碑传播。

入驻平台的团队以中小企业甚至个人居多。因此在产品运营过程中，"花钱买流量"的高成本推广方式并不适合，更适合"口碑赢得客户"的推广方式。

例如，徐某是从教多年的声音教练，其课程设计、互动设计、作业设计等完全符合学习者的学习习惯，得到了学员的好评。通过学员的相互推荐，实现了口碑传播，如图 2-18 所示。

图 2-18　口碑传播案例

思政园地

　　新媒体营销大有前途，但虚假营销却会制造泡沫、伤及行业。如某冰激凌产品宣传"不加一滴水"，而该产品配料表中明确含有饮用水成分。这种欺骗造成产品"翻车"。这个以新媒体营销见长的互联网商家就很难走出"其兴也勃，其亡也忽"的命运。

任务实施

学生实训工作单

【工作情境】

　　在上一阶段，小美所在团队通过用户数据分析，精准定位了用户需求。为了实现更精准的内容营销，小美还需要结合产品的阶段性特征，为文具制订产品运营策略。

【工作任务书】

工作任务	制订运营策略
工单描述	制订文具类产品的运营策略

任务目标	根据文具产品特点, 以及该文具产品所处的生命周期制订运营策略, 为该文具产品的运营打好基础, 快速打开销路
任务要求	目标用户: 学生群体; 运营成本: 严格控制运营成本
工作步骤	①定位产品的类别及厘清产品的目标客户; ②分析产品目前所处的运营阶段; ③制订产品目前所处阶段的详细运营策略; ④产品运营策略验证及改进; ⑤为产品后续阶段的运营制订简要的运营策略
素材来源	知乎 / 微博 / 抖音 / 淘宝
工作难度	□简单　　□一般　　☑偏难　　□困难
注意事项	①要紧扣用户群体的需求; ②在运营过程中不可过度包装、虚假宣传; ③运营策略要切实可行, 不可简单复制同类产品的运营策略; ④要控制运营成本
评价标准	□是否能正确识别互联网产品的类别 □是否能正确分析产品所处的生命周期 □是否能结合产品自身特点制订运营策略 □运营策略实施效果是否达到预期 □能否实现运营策略的小范围验证 □能否为产品的后期运营提出建设性意见

总结与自我评估表

序号	检查事项	完成确认
1	是否已掌握用户思维的定义及其特征	
2	是否能根据产品特点运用构建用户思维的核心四法则	
3	是否已掌握抓住用户痛点的方法	
4	是否已掌握对内容进行垂直细分的技巧	
5	是否已掌握用户数据分析的两大方面	
6	是否已掌握数据分析的一般流程	
7	是否能熟记产品运营的概念及三大关键词	
8	是否能熟练地对不同产品进行分类, 并选用不同的产品运营策略	
9	是否掌握产品在不同生命周期的运营重点	

项目检测

一、选择题

1. 以下不属于内容运营范畴的是（　　　）。
   A. 微博上的段子 　　　　　　　B. 短视频的视频内容
   C. 公众号里的文章 　　　　　　D. 解答群内的问题

2. 抖音对于每一个新发布的作品，系统会根据（　　　）次播放量中用户的反馈来决定是否要将视频推送到下一个更高级别的流量池中。
   A.200~300 　　　B.300~400 　　　C.500~600 　　　　D.700~800

3. 按照系统判断的权重标准排序依次是（　　　）。
   A. 作品的点播率、点赞率、关注率、转发率
   B. 作品的点播率、关注率、转发率、评论率
   C. 作品的完播率、点赞率、评论率、转发率
   D. 作品的完播率、关注率、评论率、转发率

4. 用户思维的概念包含（　　　）。（多选）
   A. 以用户为中心思考
   B. 针对用户的各种个性化、细分化需求
   C. 用户思维是互联网思维之一
   D. 用户思维是站在用户的立场提供各种具有针对性的产品和服务

5. 用户标签体系包括（　　　）。（多选）
   A. 固定属性 　　　B. 用户路径 　　　C. 用户场景 　　　D. 用户隐私

6. 用户共创可以有哪些实现路径?（　　　）（多选）
   A. 用户需求共创 　　　　　　　B. 用户产品共创
   C. 用户评测共创 　　　　　　　D. 用户传播共创

7. 产品运营的关键词包括（　　　）。（多选）
   A. 产品 　　　B. 连接 　　　C. 价值 　　　D. 运营

8. 入驻产品的运营策略包括（　　　）。（多选）
   A. 排名优化 　　　B. 规则引导 　　　C. 活动筹划 　　　D. 口碑传播

二、判断题

1. 产品运营者需要做好与用户、开发者、其他运营者的连接。　　　　　　（　　　）

2. 独立产品和平台产品都属于需要开发与升级的互联网产品，其运营有大量相似之处。　　　　　　　　　　　　　　　　　　　　　　　　　　　　　　　（　　　）

3. 每个平台都有自己的运营规则，它是平台运行的总纲领。　　　　　　（　　　）

4. 平台更关注排名，产品更关注流量。　　　　　　　　　　　　　　　（　　　）

5. "花钱买流量"的推广方式比"口碑赢得客户"的推广方式更好。　　　（　　　）

三、简答题

1. 构建用户思维的核心四法则是哪些？各个法则又有哪些可行路径？

2. 用户数据分析主要分析用户的哪些信息？

3. 平台运营者可以采取哪些运营策略？

项目三
设计新媒体营销图文内容

【项目描述】

　　文字和图片虽然是新媒体营销中的内容呈现方式，却具有悠久的历史。从古至今，图文一直以不断推进演变的状态承载着人们的思想与灵魂。时代在进步，事物在更迭，但它们并不会因此销声匿迹，而是按照自己的节奏与步调，慢慢地适应新时代的需求，进化成大众期待的样子，继续默默地完成记录与传承的使命。企业要做的就是结合实际将图文打造成最好的模样。

【项目目标】

知识目标

⭐ 了解新媒体文案的概念、特点；
⭐ 了解新媒体配图的基本原则；
⭐ 了解图文排版的编辑器。

技能目标

⭐ 能策划新媒体文案；
⭐ 能设计新媒体图片；
⭐ 能打造图文内容。

思政与素养目标

⭐ 培养热点捕捉能力及文字表达能力；
⭐ 严格遵守新媒体平台管理规范，强化社会责任感，积极传播正能量。

思维导图

设计新媒体营销图文内容

- 策划新媒体文案
  - 标题
    - 新媒体文案标题的主要类型
      - 故事类标题
      - 新闻资讯类标题
      - 知识分享类标题
      - 励志类标题
    - 新媒体文案标题的拟定方法
      - 形象化
      - 人物化
      - 点缀化
      - 利益化
      - 欲望化
      - 劲爆化
  - 开头
    - 段子法
    - 思考法
    - 金句法
    - 故事法
  - 正文
    - 并列式结构
    - 递进式结构
  - 结尾
    - 总结型
    - 并联型
    - 名言型
    - 排比型
- 设计新媒体图片
  - 配图的基本原则
    - 图文相关
    - 尺寸规范
    - 色彩协调
    - 清晰无水印
  - 图片的处理技巧
    - 巧用二次构图
    - 巧用蒙版
    - 图片 + 边框
    - 图片 + 文字
- 打造图文内容
  - 编辑工具
  - 编辑方式与编辑元素
    - 编辑方式
    - 编辑元素
  - 排版原则
    - 基本原则
      - 简洁清爽原则
      - 固定风格原则
      - 重点突出原则
      - 整体统一原则
      - 结构清晰原则
    - 其他注意事项
  - 版面类型
    - 上下分割型
    - 左右分割型
    - 中轴型
    - 中心型

任务一　策划新媒体文案

📶 案例导入

求职网站的文案：某航天中心的指挥塔内，年轻人小天聚精会神地注视着面前的显示屏。忽然，显示屏上同时出现了两个移动的目标，而且这两个飞行物正越飞越近，有迎头相撞的危险。小天心急如焚，紧盯着显示屏，手忙脚乱地急速操作着键盘。这时，飞行物竟然像被设定了程序一样越飞越远。小天像变了个人一样，他兴奋地紧握双拳，脸上掠过一阵难以抑制的狂喜。这时，画面出现如下字幕："小天，曾任电子游戏编程员"。

本则案例讲述了一个电子游戏编程员通过编程操作避免了两个飞行物撞击的危险，体现出他的专业能力和社会责任感，从侧面展现出他的工作价值，是一则别出心裁的求职文案。

📶 任务描述

通过本任务的学习，了解新媒体文案的概念、特点等相关知识，掌握策划新媒体文案的能力。

📶 知识讲解

新媒体文案的内容模块包括标题、开头、正文、结尾四个部分。

一、标题

1. 新媒体文案标题的主要类型

（1）故事类标题

顾名思义就是在标题中呈现人物、时间、地点等故事性元素，吸引用户阅读。同时会在标题中故意制造悬念，凸显内容的猎奇性和神秘感，吸引用户点击。这类标题是今日头条、UC头条等"推送制"自媒体经常使用的一种标题形式。恰当的标题能够获取较高的数据推送。但是，这种标题也极易出现文不对题、以偏概全的"标题党"。然而"标题党"只是一时吸引了用户的眼球，真正留住用户的还是有血有肉、情感饱满的好内容，这和运营需要好产品的理念是一致的。

（2）新闻资讯类标题

标题直击内容的核心，不需要太多的噱头和悬念，越是正规严肃的平台，标题越要中规中矩。例如，《2022年习近平向第五届中非媒体合作论坛致贺信》，标题主题明确，有具体的时间、事件，属于典型的实体标题。

（3）知识分享类标题

知识分享（俗称"干货"）类文章的标题简单、凝练，直接用标题总结文章所要分享的内容或是摘选出文章中细微的新颖观点等。知识分享类文章，有明确的用户细分群体以及"非娱乐"目的，即所看文章的用户都是抱着学习的目的来的。所以，标题一定

微课

好文案离不开好结构

微课

打造新媒体"爆文"

微课

设计吸睛标题

要力求凝练，凸显主题，不需要在标题上考虑太多的情怀或故弄玄虚玩一些文字游戏。知识分享类标题尽量多用一些数字去概括文章的要点，这样能让用户在最短的时间明白所分享的内容架构。

（4）励志类标题

励志类标题是鸡汤文常喜欢用的一种标题形式。这种标题往往是对文章的高度凝练，多是用一句话说明一个道理，或是呈现某种观点。"鸡汤"类标题要想拟得精彩，需要注意四点：首先，观点切口小，立意新，要有自己独特的见解，避免人云亦云；其次，语言凝练，简单直接突出自己的观点；再次，标题尽量多用"你""我"，这样的第一、第二人称，拉近和用户的距离，增加用户的打开率；最后，字里行间要有一定的情绪，表明自己观点的同时向用户传递一定的情绪。如《当我 27 岁，我在想什么？》，这个带有疑问口气的反问句就很情绪地表达了某种观点，所以也很能吸引一部分人关注，从而让用户不自觉地点击打开。

2. 新媒体文案的标题拟定方法

（1）形象化

原标题：《10 cm 的晴雨两用小黑伞方便携带超实用》

现标题：《和 iPhone 一样大的晴雨两用小黑伞，再小的包都能塞》

这是一个太阳伞微信公众号推出的一篇软文的标题，太阳伞的用户群体主要是年轻女性。原标题用数字，很精确地表明雨伞的长度及方便携带的特点，但是读者读后不会有太深的印象，具体感知不了这把伞到底有多大，尤其是对于数字不敏感的女性。把标题修改为第二个之后，把参照物设置为时下火热的 iPhone，不仅能让人直观地感受到雨伞的大小，还能借势热点，打开率也就提升了。

（2）人物化

原标题：《每日冥想静坐 10 分钟，延缓衰老显年轻》

现标题：《这样"坐"美如明星，肌肤紧致年轻 10 岁》

这是一个瑜伽公众号推出的一篇软文的标题，文章内容主要是介绍如何冥想静坐。其实，文章的内容和明星没有任何关系。刚开始的标题，是一个极其普通的标题。修改后，让用户看到标题就能想到切实可参考的明星人设，于是一些爱美的目标女性不自觉地就会点击打开。

（3）点缀化

在标题中巧妙地添加前缀、后缀词，同样可以吸引用户的眼球。

前缀：添加"如何……"，如《如何快速写出让客户看了忍不住点开的标题？》《如何不吃药、不节食，一个月轻松瘦 5 斤？》。

后缀：添加"……的几个方法""……的秘诀"，如《让你更会学习的 5 个方法》《高考冲刺时的学习方法》。

（4）利益化

给读者明确的利益承诺，告诉对方能够获得什么样的结果！具体的方法是利用放松、共鸣、喜悦、超载、惊愕、混乱、失衡、空白等描述技巧描述可以给客户直接带来好处的内容，如《50页PPT精华！从零开始把内容运营讲透了》《30节课，直接让你变身直播营销独立操盘手》。

（5）欲望化

所谓满足欲望的状态就是通过标题告诉对方：我这里有你想要获得满足的结果。简言之就是给予对方满足欲望的机会。

例如，老人想拥有一个健康的身体，长寿的生命；男人想娶一个漂亮、温柔、贤惠的妻子；孩子想要智商、情商、财商均高；高考生想要考清华、北大等一流大学；成年人想要升职加薪，获得老板认可……不同的人有不同的欲望，如《×× 习惯：让长寿不是梦》。

（6）劲爆化

在标题中，偶尔添加一些劲爆的词汇，如免费、内幕、惊爆、震撼、出事了、深度好文、删前速看、最新骗局、刚刚发生……这样的词汇，会让标题达到意想不到的效果，如《央视刚刚曝光那些不为人知的酸菜》。

二、开头

新媒体文案的开头设计：

（1）段子法

贾平凹说："人生于世，遇人万千，唯有有趣，最是难得。"人有喜怒哀乐，用户更喜欢喜，所以用幽默的段子开头，是用户喜闻乐见的方式。

例如，爆文《优酷、土豆合并》中的开头如下：

"优酷、土豆宣布合并，消息传到腾讯视频部，全体工作人员进入到狂欢的状态。因为优酷、土豆合并，腾讯视频从行业第三立即提升到行业第二，提前完成本年度工作计划。"

（2）思考法

思考法通常会以问句的形式开头，通过向用户提问，引导用户带着问题阅读后文。例如，广告《梦骑士》就是通过思考法引出一群老年人环岛骑行1139千米的事例表现出品牌的价值观——人要为了梦想而活。

文案开头如下：

"人为什么要活着？为了思念？为了活下去？为了活更长？还是为了离开？去骑摩托车吧。5个平均年龄为81岁的老人，一个重听，一个得了癌症，三个有心脏病，每一个人都有退化性关节炎。六个月的准备，环岛十三天，1139千米，从北到南，从黑夜到白天，只为了一个简单的理由：人为什么要活着？梦，不平凡的平凡大众，×× 银行。"

（3）金句法

引人深思、掷地有声的句子，称为"金句"。文案开头放入金句，言简意赅，直击人心。

例如，"真正的发现之旅，不仅包括探索新世界，还要以全新的眼光看待世界。""一个人的行走范围，就是他的世界。""多余的财富只能够买多余的东西，人的灵魂必需的东西，是不需要花钱买的。"

（4）故事法

对于用户而言，看故事是一种没有压力的阅读体验，只要正文的内容与故事有关，那就非常容易激起用户继续阅读的欲望。

例如，"1893年，药材世家出生的宏二郎将受了潮的红参通过清洗、蒸煮的方式，祛掉了之前的霉味，以正货销售。当他拿着丰厚的收入向爹爹说了他的精彩故事后，一生本分的父亲痛罚了他的小聪明，为避后祸，举家外迁。"

三、正文

新媒体文案的正文结构：

（1）并列式结构

并列式结构是新媒体文案最常采用的写作结构，尤其适用于讲故事。写作方法一般是写三个故事，故事之间是并列关系，每个故事加上自己的思考，段尾总结一些"金句"，升华主题。

（2）递进式结构

递进式结构像剥洋葱一样，层层递进，不断深入论证。例如，产品的五个层次，第一层是潜在产品，第二层是增值产品，第三层是期望产品，第四层是基本产品，第五层是核心产品。文案的内容层次也应该依次递进。

四、结尾

新媒体文案的结尾类型：

（1）总结型

总结型的结尾能够加深用户的印象，让用户吸收更多的内容。例如，《这座边境小城的疫情，太颠覆想象了》一文的结尾如下：

"为防控境外输入疫情，一个又一个的边境城市为我们守住了国内的最后一道防线。往往一场封锁刚刚结束，他们又被迫进入到了下一场漫长的封锁。这就是他们替所有国人挡住汹涌不绝的病毒的牺牲。

"不是只有流量密码的大城市才值得我们关注，一座座英雄的边境城市也同样值得被我们看到和感恩。

"别忘了，我们现在相对平稳的生活的背后，有丹东、瑞丽、东兴、绥芬河这样的边境城市的努力。

"希望你们被记住，但更希望你们不会被遗忘。"

（2）关联型

关联用户的职业、环境、生活等，让用户在文案中看到自己，引起共鸣。例如，《一个女人最好的生活状态》一文的结尾如下：

"兴趣分很多种，弹琴、唱歌、画画、下厨都是，它们没有高低之分。

"只要生活中你感兴趣的人和事，哪怕再小的事，都可以发展成自己的爱好。只要你投身于自己真正喜爱的事物，会拥有一种专注与成就感，足以润色生活的单调与琐碎。

"有的人喜欢画画、书法，有的人喜欢写作、做手工品，这些都是她们独立的兴趣，让她们活得更洒脱。

"每个人，即使再普通，通过自己的努力，内外兼修，也可以达到一种美好的状态。"

（3）名言型

相比于普通人，名人的话更有说服力，用户更愿意相信。下面是以名言结尾的示例：

"居里夫人说过，在捷径道路上得到的东西绝不会惊人。当你在经验和诀窍中碰得头破血流的时候，你就会知道：在成名的道路上，流的不是汗水而是鲜血；他们的名字不是用笔而是用生命写成的。"

（4）排比型

排比句在句式上有强调的作用，下面是以排比句结尾的示例：

"做你没做过的事，叫成长。

"做你不愿做的事，叫改变。

"做你不敢做的事，叫突破。

"做你不相信的事，叫逆袭！"

思政园地

为了更吸睛，获取更多的流量，标题党的现象频频出现，但千篇一律的文案，用户很快就会失去兴趣，甚至反感或厌恶。文案是新媒体营销的核心，创新文案需要在思维上打造恒常心理模式，善于从习以为常的事物中发现它们之间的关联性并挖掘出新的含义，使文案能出其不意、出奇制胜。

任务实施

学生实训工作单

【工作情境】

因电商活动日在即，公司有产品文案的撰写任务，基于之前小美出色的工作表现，公司将文案撰写任务交给小美，希望她通过文案对产品进行预热宣传，争取在电商活动日获得更多订单，达到更高的销售额。

【工作任务书】

工作任务	策划文案
工单描述	以"开学好物"为主题,通过不同类型文案的撰写,以每周一篇的进度,循序渐进地达到品牌宣传与推广的目的
任务目标	通过对该品牌文具的相关介绍,调动用户的兴趣,进而购买该品牌文具
任务要求	目标用户:以25~45岁男性群体为目标用户; 选题方向:突出该品牌男装物美价廉的特点
工作步骤	①选定营销产品,根据产品特点,撰写符合宣传风格的标题; ②撰写具有新意的开头; ③撰写吸引用户的正文; ④撰写风格统一的结尾
素材来源	实地产品/网络
工作难度	□简单　☑一般　□偏难　□困难
注意事项	①不要投机取巧,不要盗用他人作品,要保证文案原创; ②选题避免选择敏感、负面或风险较高的内容
评价标准	□是否能撰写适合的标题 □是否能书写具有新意的开头 □是否能撰写吸引用户的正文 □是否能书写风格统一的结尾

任务二　设计新媒体图片

📡 案例导入

俗话说:"一图胜千言",在读图时代,图片的视觉化属性更值得挖掘。用户只需要几秒钟就能快速对文章和平台进行评估,而优秀的设计师也清楚如何借助视觉呈现复杂的故事。在这其中,图片起到了极其重要的作用,是视觉表达的关键组成部分。

电子产品的网站首页通常用大幅产品图片作为配图,为用户提供最有用、最有效的信息,如图3-1所示。这种方式能尽量降低用户分心的概率,专注于最有意义、最有效的元素。

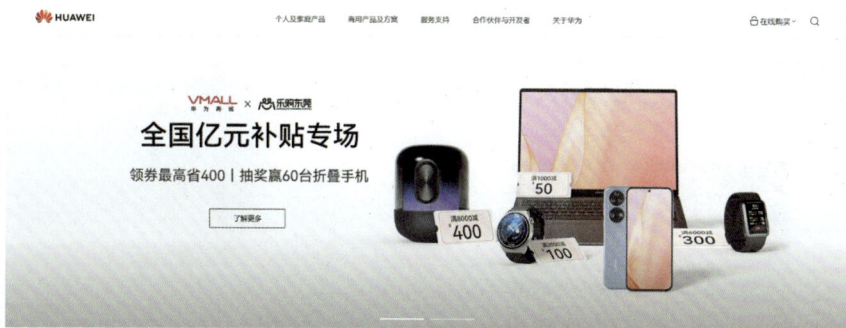

图 3-1　某电子产品网站首页图

任务描述

　　文章的配图虽然不是文章点击率的首要决定因素，但一个用心设计的配图绝对比一张随意抓取的图片更深入人心。一个优秀的新媒体账号除了在文章内容上下功夫，好的配图也是关键，一些能够体现账号深度和态度的细节同样值得运营者去用心思考。本任务将对新媒体账号运营中，文案的配图选用原则及图片的处理技巧等相关知识进行讲解。

知识讲解

一、配图的基本原则

　　在新媒体营销过程中，推文的配图是必不可少的，文章加上图片，会更加形象，读者的视觉和思维会受到图片的影响，认可度倍增，进而帮助网络号凝聚人气，从而培养忠实粉丝。很多时候，推文的配图会成为文案的特点和亮点，合适的配图能为文案锦上添花。

微课

新媒体配图
的基本原则

1. 图文相关

　　图文相关，是指选配的图片要与整个推文的内容相关。最好是让读者第一眼看到推文配图就能联想到你准备说什么。如果标题已经提到了人物、情景、事物，那么，配图应尽量选择与这些元素相关的图片，让推文的内容更加明朗，借助图片加深与读者的互动与交流。如果配图是原创的，就会更加提升文章的质量和增强读者的印象。

　　例如，某旅游类微信公众号，几乎每篇文章的配图都基于文章内容，形成固定基调，打造出自己独有的特色，如图 3-2 和图 3-3 所示。阅读这些文章，图与文的完美结合，给人如诗如画、令人心驰神往的感觉，有时候真的想来一场说走就走的旅行，畅游祖国的大好河山。这样的文章会让读者印象深刻，切实感觉到推文内容的专业性。

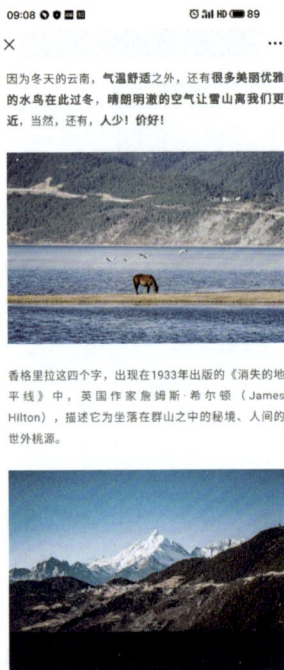

图 3-2 旅游类公众号文章 1

图 3-3 旅游类公众号文章 2

有时候，图片本身并无特殊含义，但是配上相应的文字描述后，图片所表达的意境和效果就大不相同了。

例如，海报《旅行心语》（图 3-4）中的配图本无什么特别，图片仅仅是一张普通的风景照片，但是配上"只要心情调到了旅行的模式就可以感受到快乐"这段文字后，即刻让人想近距离和大自然接触，远离城市的喧嚣，体会自然的宁静氛围，与文字相得益彰，锦上添花。

图 3-4 海报《旅行心语》

2. 尺寸规范

尺寸规范，就是要按照平台的要求上传图片。不同的平台，对图片尺寸的要求也不一样。文案中的每一张图片都应该经过仔细斟酌，根据平台对图片尺寸的要求，选择合适的尺寸大小。

例如，微信公众号的首图就需要 900 px×383 px 的图片，而次图需要 500 px×500 px 的图片，如图 3-5 所示。微博的封面图要求 640 px×640 px 的图片，如图 3-6 所示。

图 3-5　微信公众号尺寸要求　　　　图 3-6　微博尺寸要求

如果发布的图片尺寸不合适，就可能出现图片被遮挡的情况，从而降低图片的观感，也可能出现图片文字跟文案标题出现在相同位置而造成标题看不清的情况。

图片格式有 PNG、JPG、GIF 等多种，如图 3-7 所示，尽量将单张图片的大小控制在 1.5 ~2 MB，在这个大小范围内，文案编辑可以从上述图片格式中选取效果最佳的图片。

图 3-7　常用的图像格式

3. 色彩协调

色彩协调，就是推文所选图片的色彩搭配要更加统一和谐。在同一个文案中，用到的图片在色彩、冷暖、格调、版式上要注意整体一致，这样给读者的感觉就会更统一，画面的整体感会更加强烈。

例如，上述公众号发布的每一篇文章，都会配上当地、当季的风景图片，图片的色调非常统一协调。读者看到图片就仿佛置身于场景中，整体感很强。

4. 清晰无水印

清晰无水印，就是要保证图片高清、无水印、无杂物。这是每一个文案撰写人员都需要注意的。模糊的图片和清晰的图片对比，如图 3-8 和图 3-9 所示。高清图片可以提高文章的阅读性，使用户更加理解文章所想表达的内容。但需要注意的是，在保证图片高清晰度的同时，不要过大，如果过大，文章的打开速度会比较慢，这样就降低了用户的阅读体验。

图 3-8　模糊的图片　　　　　　　　图 3-9　清晰的图片

同时，在没有特殊原因的情况下，配图要尽量选用色彩明亮的图片。大部分读者在阅读文章的时候都希望能有个轻松、愉快的氛围，不愿意在压抑的环境下进行阅读，而色彩明亮的图片恰好能给读者带来轻松的阅读氛围。

另外，选择图片时，要选择没有水印的。带水印的图片不仅会影响整体的呈现效果，还会让读者觉得很不美观，带水印的图还可能有打广告，甚至侵权的嫌疑。因此，尽量不要引用网络图片，如果要引用，一定要使用公开版权的图片。有水印图片和无水印图片，如图 3-10 和图 3-11 所示。

图 3-10　有水印图片　　　　　　　　图 3-11　无水印图片

例如，某公众号的每一篇软文中的图片都非常清晰，色彩鲜艳，充满创意，如图 3-12 和图 3-13 所示。不仅展示景区亮点，还将人物置身于场景中，通过美好的生活场景打动读者，这样的图文搭配可称为典范。

图 3-12　公众号文章截图 1

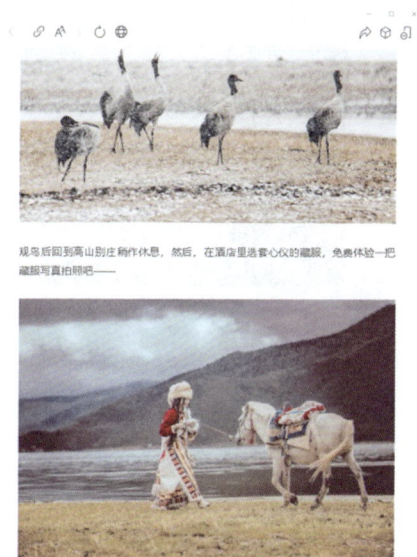

图 3-13　公众号文章截图 2

在撰写新媒体文案的过程中，一张精美的配图绝对是加分项。俗话说："好马配好鞍"，一张规范的高质量配图也是高水平文案的必备元素，能让文案如虎添翼。

二、图片的处理技巧

为新媒体推文配上贴切又吸引眼球的图片，对不少新媒体编辑来说，可是一件非常头痛的事情。新媒体配图讲究简明有力，创意优美，把选题、灵感和画面完美结合。

1. 巧用二次构图

新媒体配图讲究：准确传递信息；符合版面要求；增强视觉冲击力。从各种渠道获取的图片，往往不一定能完全满足以上要求，需要对图片进行进一步处理。重新构图，合理裁剪，图片才能重新焕发生机，方法运用得当，图片才会更加完美，"废片"也可能变成"大片"。

例如，裁剪前的图片如图 3-14 所示，天空中的那朵云虽然很出彩，但是最上面没有云的天空就显得单薄多余。裁剪掉一部分多余的天空和水面，画面立刻就丰盈了，效果如图 3-15 所示。

微课

新媒体图片处理技巧

图 3-14　裁剪前的图片

图 3-15　裁剪后的图片

又如，裁剪前的这张图片如图 3-16 所示，表现的元素太多，导致主体不够突出。通过裁剪移除画面中分散观者注意力的干扰元素，主体在画面中就强烈地体现出来，效果如图 3-17 所示。

图 3-16　裁剪前的图片

图 3-17　裁剪后的图片

再如，裁剪前的这张图片如图 3-18 所示。由于拍摄环境受限，想要拍摄的画面离镜头较远，无法靠近，只能先拍景别较大的画面，后期通过一定程度的裁剪来获取心中理想的图片，效果如图 3-19 所示。

图 3-18　裁剪前的图片

图 3-19　裁剪后的图片

以上图片的裁剪，都运用到摄影构图中最经典的九宫格构图法（三分构图法）。使用这一构图法时，把画面的长宽分别分割成三等份，每条分割线都视为黄金分割线，而主体一般放在分割线的交叉点上。三分构图法虽不新潮，但运用恰当会让图片极具美感。

关于构图，不只有三分构图法，还有三角形构图法、中心构图法、对角线构图法、S 型构图法、引导线构图法等多种构图手法，同学们可以查阅相关书籍，了解相关内容。

特别提醒：新闻类图片的裁剪要讲究度，剪裁引发的信息缺失可能造成内容失真，要特别谨慎。总体原则是：图片的裁剪编辑不能违背新闻的真实性原则。

2. 巧用蒙版

如图 3-20 所示的配图，用白纸剪出镂空人物作为取景框，把自然美景作为底图来映衬，看似不相关的两类画面巧妙融合，人物优美飘逸，让人眼前一亮，不禁赞叹自然之美。

图 3-20　使用蒙版的图片

其实，这组配图的手法就是图片处理中的"蒙版"技巧。蒙版也可称为"遮罩"，通俗来讲，蒙版就是一块蒙在图片上的"板"，如果这块板不透明，则下面的图片完全被挡住，看不见；如果这块"板"上有一部分透明，或者有一幅透明的图案，则下面的图片能透过这个图案的轮廓显示出来。如图 3-21 所示的"人物做取景框"，用到的就是蒙版思维。

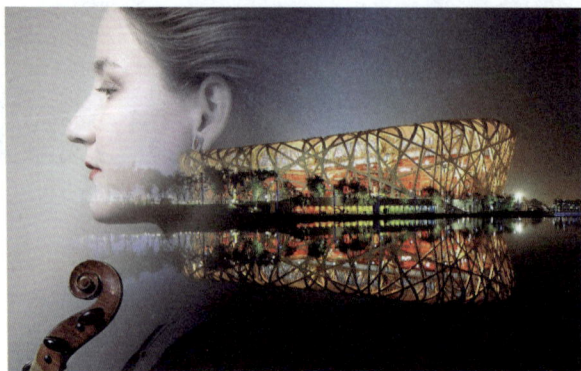

图 3-21　人物＋城市

图 3-22 中选用夜景，结合女性优美的侧脸，呈现出唯美的效果。图 3-23、图 3-24 仍然沿袭这个思路。

图 3-22　人物＋夜景　　　　　图 3-23　人物＋海景　　　　　图 3-24　人物＋地标

这类图片处理技巧，很适合作为旅行类专题的配图。选择世界各地不同的风景为背景，选用各种剪影素材作为蒙版，可以制作近似"双重曝光"的蒙版效果。

3. 图形＋边框

《人民日报》非常关心祖国的未来，对处在成长期的年轻人有着深切的期待，常用名言或感悟来治愈当下压力重重的年轻人，抚慰他们躁动不安的心灵。如图 3-25 所示的配图，选用简单的线框与图案结合，辅以清风拂面的文字，风格清新，非常适合内心脆弱或者迷茫、身在校园或初入职场的年轻人。

图 3-25　图片＋边框

这种清新风格的构图及配色，配上隽永的小段语句，青春岁月的喁喁细语立刻浮现在脑海中。

4. 图片 + 文字

图片 + 文字，也是常见的配图处理技巧之一。《人民日报》微博就擅用这种手法配制各种励志的内容来鼓舞人心，如图 3-26 和图 3-27 所示的配图中，大号文字瞬间把人的注意力吸引过来，有意境的图案配上简短的话语，不需要任何修饰，却能够触动人心。这类启发式的图片感染力很强，为生活和梦想奋斗的人们容易产生共鸣。

图片 + 文字的配图相对简单，大多数手机自带的图片处理 App 都能迅速完成制作，做法是导入合适的图案，配以相应的文字即可。

要注意的是有的平台的配图需多张图片，如微博，一般有 9 张图片，所以选择具有连续性的图案及文案就很重要了。文案的构思要简洁有力，图片质量要好，最好选择高质量的风景、人像等摄影作品；文案的字体不要过于花哨，最好使用大气端庄的宋体、黑体等，带来一种沉稳、镇定又鼓励人心的感觉。

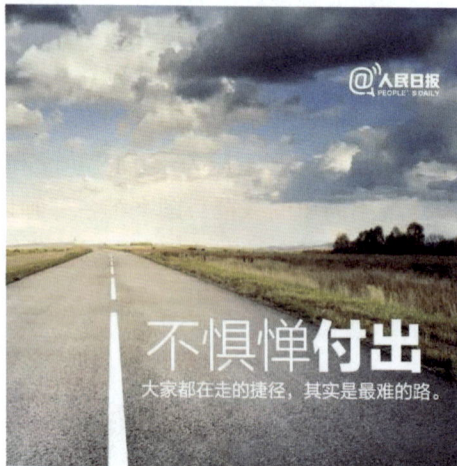

图 3-26　学会坚强	图 3-27　不惧惮付出

用户完成图片处理都需要借助图片处理软件，专业的如 Adobe Photoshop，简易的如美图秀秀、光影魔术手等。Photoshop 需要专业的操作技能，并不是所有新媒体营销人员都能掌握。因此，推荐使用无须安装下载、拥有海量素材的在线图片编辑平台，如创客贴、稿定设计、图怪兽、Canva 可画等，这些平台简单易学，可以快速帮用户在线完成图片编辑，特别是其都有丰富的模板供用户选用，让每一个人都可以成为"设计师"。

思政园地

　　在新媒体时代，很多人在使用图片时会习惯性在网络上寻找免费素材，甚至对图片进行二次加工，殊不知这种做法很容易构成侵权。在知识产权尤其是图片类著作权日益得到重视的今天，因公众号图片侵权收到律师函索赔乃至对簿公堂，早已屡见不鲜。一方面要在使用图片时注意版权情况，要取得版权所有人的授权。另一方面，在自己进行创作的时候，也应当注意自身作品的版权保护，防止被非法盗用。典型的处理方式主要有添加水印、增加版权声明和网络平台防盗链、设置防复制功能等。因此，尊重图片版权，提升版权保护意识至关重要。

任务实施

学生实训工作单

【工作情境】

　　小美需要对该批文具的照片进行选择，然后利用图片处理工具做适当处理，配合文案做好图文编排与推送工作。

【工作任务书】

工作任务	设计新媒体图片
工单描述	按照 "开学好物" 在各平台发布的文案要求，根据新媒体配图选用基本原则，在所拍文具图片中选择适量与适用的图片，运用相应的图片处理技术处理图片，提交给文案人员采用
任务目标	通过优质推文，加强用户对公司产品的了解，调动用户对文具的兴趣，进而购买相关文具
任务要求	目标用户：以 12~22 岁学生群体为目标用户； 选题方向：以盘点好看实用的学习用品为主
工作步骤	①明确选品，并搜集素材。根据文案要求按相关性原则、规格统一原则、色彩协调原则、清晰原则等从各渠道进行选材，拍摄或下载产品的高清图片素材； ②明确平台。根据文案投送的平台，记录平台对推文图片的要求\规格等；

工作步骤	③裁剪与编辑图片。按照文案要求，采用二次构图、蒙版、图片＋文字或图片加边框等处理技巧对图片进行适当的加工； ④推文排版。配合文案完成图文排版，根据需求进行加工，直至推文发布
素材来源	自助拍摄、公司提供、相关无版权网站
工作难度	□简单　☑一般　□偏难　□困难
注意事项	①禁止出现任何形式的水印； ②不要投机取巧，不要盗用他人作品，要保证图片原创； ③图片避免选择敏感、负面或时效性较强的内容； ④图片要高清效果，能够有效展示产品特点
评价标准	□是否能正确选图 □图片是否与文案内容相关、符合文案主题 □图片是否满足平台要求 □图片内容是否达到了配图的目的（缓解阅读压力、提高趣味性） □图片是否进行了防盗版处理

【工作任务相关知识与技能】

新媒体配图的作用：缓解阅读压力；提高趣味性。

新媒体配图基本原则：图文要相关；尺寸要规范；色彩要协调；清晰无水印。

任务三　打造图文内容

案例导入

如图 3-28 所示的案例用相似的句型结构书写文案，内容上采用对比的形式，用"一大把"和"一小段"形成鲜明的对比，戳中当代父母的内心，提醒他们赚钱的同时，不要忘记对孩子的陪伴，有时候，孩子要的和我们觉得孩子需要的或许不一样。

图 3-28　陪伴

微课

新媒体平台图文排版技巧

任务描述

通过本任务的学习，全面地了解新媒体平台的图文排版。

知识讲解

一、编辑工具

正所谓"磨刀不误砍柴工"，要做出精美的图文排版，就需要使用适合的工具。常见易上手的编辑器有壹伴编辑器、秀米编辑器、135编辑器、i排版编辑器。

二、编辑方式与编辑元素

1. 编辑方式

手机屏幕好比是一个衣柜，图文的无序摆放会让衣柜看起来杂乱无章。而布局就如衣柜里的隔板，先是划分出各种大小区域，然后图文内容便可以按照一定的阅读顺序，依次放入划分出来的大小区域中，也可以随时拖动置换大小位置，让人觉得整齐划一，精美得当。这种灵活编辑方式称为结构化编辑方式。

2. 编辑元素

• 图文消息标题：服务号的标题建议在 17 字以内，订阅号的标题不要太长、太凌乱。标题当中尽量有关键词。标题中尽量减少特殊符号。

• 顶部引导 / 声明：可以是引导关注图、品牌 Banner、版权声明、主题相关图片等。

• 文章版首：这里可以使用文字日签、图片日签、字数和阅读时间提示及卷首语。通常使用的是图片日签。

• 正文小标题：建议颜色突出，简短精炼，字号为 20 px。可参考编辑器的模板进行设置。简短精要的标题更能抓住用户的注意力。可以使用多级标题，如一级标题、二级标题、数字标题等。

• 正文内容：正文字号在 12~18 px，建议使用 14 px。注释文字的大小，建议使用 10~12 px。正文行距在 1.5~1.75 倍，建议 1.6 倍或 1.75 倍。正文段距用空格，每屏尽量一张图加几行文字。页面边距建议使用 0.5 或 1.0 英寸，可灵活调整。字间距一般为 0。

• 正文配图：图片与文字间空一行，宽度建议在 320~640 px，整体尺寸一致，无密集信息。

• 主题颜色：色号最深为 3f3f3f，色号最浅为 595959。

三、排版原则

1. 基本原则

（1）简洁清爽原则

排版是为了更好的阅读体验，不要为了追求排版技巧而放弃对内容本身的关注，更不要喧宾夺主，过于花哨的排版是大忌。常见的错误排版就是使用大量花哨的动态背景和使用大量的烦琐样式。

（2）固定风格原则

排版就是塑造人格化形象，让内容形成视觉符号。视觉符号是长期的东西，很容易被用户辨识和记忆，所以排版风格要保持长期稳定，不能频繁更换。一般更换都是微创新，整体形式不会发生太多变化。

（3）重点突出原则

当文中有重点内容的时候，一定要做一个不同的样式，通过文字的不同颜色、粗细、字体等与其他内容区分开来，这个可能是在文首、文尾，甚至可能是中间。但是值得注意的是，划重点一定要足够克制，很多初级的排版者经常会出现重点遍布全文的情况，记住一句话就够了，如果全是重点，那等于没有重点。

（4）整体统一原则

首先，微信文章排版的统一是由每个小细节的统一组成的，其中包括每段文字的正文字号大小、颜色、对齐方式要统一；每个小标题的字号大小、样式、颜色、对齐方式要统一；每张插入的图片和段落之间的距离要统一。其次，公众号排版的统一是由每一篇文章排版的统一组成的，其中包括每篇文章选图风格统一；每篇文章使用的排版样式统一；每篇文章开头、结尾样式统一。

（5）结构清晰原则

将一篇长文章切分成大的模块和小的结构，使文章脉络清晰，阅读轻松简单。

2. 其他注意事项

- 段落文字过长问题。3~5 行为一段文字，不可过长。
- 前后留白问题。正文图片前后各空一行。段落前后各空一行。
- 固定元素重、漏问题。排版的固定元素不重不漏。
- 整体元素杂多问题。整体元素不可太多，配色不要过于繁杂。正文和注释之间，分割线不要加太多。
- 二维码大小问题。文末二维码注意大小合适，不宜过大。

四、版面类型

1. 上下分割型

上下分割型是指把整个版面分为上下两个部分，在上半部或下半部配置图片，另一部分则配置文案，主要分为上图下文型和下图上文型两大类，如图 3-29 和图 3-30 所示。

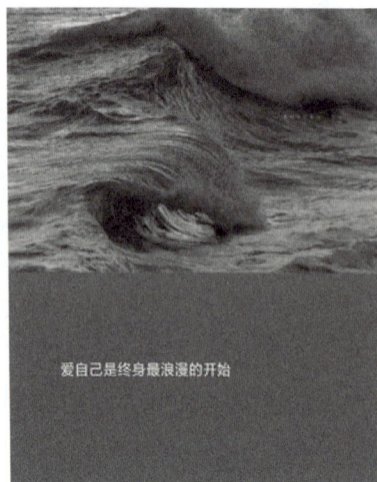

图 3-29 上图下文型

图 3-30 上文下图型

2. 左右分割型

左右分割型是指把整个版面分为左右两个部分，分别配置文字和图片，主要分为左图右文型和右图左文型两大类，如图 3-31 和图 3-32 所示。

图 3-31　左图右文型

图 3-32　左文右图型

3. 中轴型

中轴型是指画面呈中轴线上下或左右相互平行，主要分为水平中轴型和垂直中轴型两大类。水平排版的版面给人稳定、安静和含蓄的感觉；垂直排列的版面会给人强烈的动感，如图 3-33 和图 3-34 所示。

图 3-33　水平中轴型

图 3-34　垂直中轴型

4. 中心型

中心型主要利用视觉中心突出想要表达的主题。一般会将最主要的设计元素放在版面的最中心，利用人们的视觉习惯聚焦视线，突出主题。中心型画面具有稳定感且较强的视觉冲击力，主要分为独立中心型、向心型、离心型三大类，如图 3-35—图 3-37 所示。

图 3-35 独立中心型

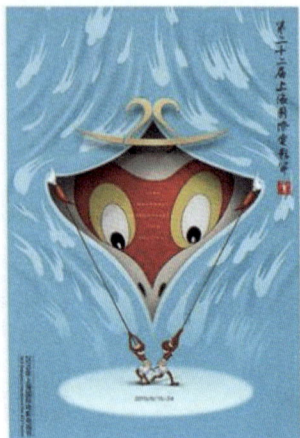

图 3-36 向心型

图 3-37 离心型

💬 思政园地

　　"国潮"指中国本土的潮流，就是将具有本土文化特色的元素和最新时尚潮流结合在一起。"国"和"潮"这两个字缺一不可。"国"代表了中国特色文化，不论是传统文化还是耳熟能详的老字号国产品牌等，都是中国文化的组成部分。将这些古老的、深入人心的文化用一种创新的、新潮的方式表现出来，给予它们新的生命力，让人感受到新与旧的碰撞，这正是"国潮"的魅力所在。

🔊 任务实施

学生实训工作单

【工作情境】

　　因为小美工作出色，公司也将运营微信公众号的工作交给她，小美每天要根据市场和产品，撰写合适的图文内容在微信公众号中发布。

【工作任务书】

工作任务	运营微信公众号
工单描述	以 "学子必备" 创建选题，每周五准时发布一篇微信公众号文章，打造一个高关注量的账号
任务目标	通过微信推文对公司的文具进行介绍，调动用户的兴趣，进而购买相关产品
任务要求	目标用户: 以 12~22 岁学生群体为目标用户; 选题方向: 以盘点货真价实的产品为主
工作步骤	①选择合适的微信公众号编辑工具; ②选定需要营销的产品,拍摄产品图片; ③撰写文案, 将图文进行合理布局; ④发布微信公众号文章; ⑤关注后台留言, 及时进行相关回复
素材来源	产品 / 网络
工作难度	□简单　☑一般　□偏难　□困难
注意事项	①禁止出现任何形式的水印; ②不要投机取巧, 不要盗用他人作品,要保证内容原创; ③选题避免选择敏感、负面或风险较高的内容; ④图片要清晰, 能够有效展示产品特点
评价标准	□是否能选择合适的微信公众号排版工具 □是否能拍摄出合适的产品图片 □是否能撰写高质量的文案 □是否能进行图文的合理布局 □是否能按微信公众号的发布步骤发布文章 □是否能及时回复读者留言

【工作任务相关知识与技能】

壹伴公众号编辑器使用流程:

①使用浏览器，搜索 "壹伴公众号编辑器";

②进入壹伴官网安装小插件;

③在壹伴的插件面板里添加微信公众号;

④登录微信公众号;

⑤找到编辑页面，在素材管理中，新建图文素材;

⑥全部编辑完成之后，单击 "发布" 即可。

总结与自我评估表

序号	检查事项	完成确认
1	是否能撰写高质量的文案	
2	是否能拍摄出合适的产品图片	
3	是否能编辑合适的图片	
4	是否能选择合适的微信公众号编辑工具	
5	是否能进行合理的图文排版	

项目检测

一、选择题

1. 在标题中呈现人物、时间、地点等故事性元素，吸引用户进行阅读的标题类型是（　　）。

    A. 故事类标题　　　　　　　　　　B. "鸡汤"类标题

    C. 知识分享类标题　　　　　　　　D. 新闻资讯类标题

2. 围绕（　　）进行选题策划，无疑是借船出海的智慧之举。

    A. 逻辑　　　　B. 社群　　　　　　C. 热点　　　　　　D. 需求

3. 某企业领导将他的商业大目标拆解成多个小目标，然后逐步实现每个小目标是指微信公众号的（　　）原则。

    A. 固定风格　　B. 重点突出　　　　C. 结构清晰　　　　D. 整体统一

4. 两个同类产品的商家争夺品牌使用权，一方败诉后，在微博平台上用自嘲的口吻配以幼儿哭泣的图片推出一系列"对不起"文案，反而占据了新媒体民意的上风。这种做法符合以下哪种说法？（　　）

    A. 新媒体图片运用好，传播更快速

    B. 新媒体文案可以直接带来销售转化

    C. 体现了新媒体文案的重要性

    D. 以上说法都对

5. 把整个版面分为上下两个部分，在上半部或下半部配置图片，另一部分则配置文案是指（　　）。

    A. 上下分割型　B. 左右分割型　　　C. 中轴型　　　　　D. 中心型

二、判断题

1. "鸡汤"类标题有明确的用户细分群体以及"非娱乐"目的。（　　）

2. 正文和注释之间，可以用较多分割线进行区分。　　　　　　　　　（　　）

3. 微信公众号所用的主题颜色，色号最深的是 3f3f3f，色号最浅的是 585858。

　　　　　　　　　　　　　　　　　　　　　　　　　　　　　　　（　　）

4. 同一篇文章的配图一定要风格一致，要尽量避免图片之间差异过大，否则用户很难对文章产生认同感。　　　　　　　　　　　　　　　　　　　　（　　）

5. 大多数手机自带的图片处理 App 即可迅速完成图片制作。　　　　（　　）

三、简答题

1. 如何撰写"吸睛"标题？

2. 简述读懂用户的三种方法。

项目四
创作新媒体短视频内容

【项目描述】

　　2016 年以来, 抖音、快手等短视频平台强势崛起, 用户数量飞速增长, 成为规模庞大的流量洼地。2023 年 3 月 2 日, 中国互联网络信息中心 (CNNIC) 在京发布第 51 次《中国互联网络发展状况统计报告》(以下简称《报告》)。《报告》显示, 截至 2022 年 12 月, 我国网民规模达 10.67 亿, 较 2021 年 12 月增长 3 549 万, 互联网普及率达 75.6%, 其中, 我国网络视频 (含短视频) 用户规模达 10.31 亿, 较 2021 年 12 月增长 5 586 万, 占网民整体的 96.5%。其中短视频用户规模为 10.12 亿, 较 2021 年 12 月增长 7 770 万, 占网民整体的94.8%。网络视频市场呈现精品迭出、新业务与技术加速探索应用、环境日益清朗的态势。

【项目目标】

知识目标

⭐ 了解分析自身的优势;

⭐ 了解短视频变现的方式;

⭐ 了解短视频脚本的含义与作用;

⭐ 了解编写短视频脚本的前期准备;

⭐ 了解短视频系统推荐机制;

⭐ 了解各平台付费推广工具;

⭐ 了解短视频 + 电商的运作模式。

技能目标

⭐ 能完成短视频定位;

⭐ 能运用相应技巧拍摄视频;

⭐ 能编辑短视频脚本;

⭐ 能根据作品流量, 判断自己的账号情况;

⭐ 能根据底层逻辑, 让作品获得更多流量。

思政与素养目标

⭐ 培养逻辑思维能力;

⭐ 严格遵守新媒体平台管理规范, 强化社会责任感, 积极传播网上正能量。

创作新媒体短视频内容

- 定位短视频账号
  - 选择自己喜欢或者擅长的领域
  - 确定变现方式
    - 电商带货
    - 广告合作
    - 引流咨询
    - 直播收益
  - 定位角度
    - 受众定位——用户分析
    - 内容定位——明确账号内容和形式
    - 人设定位

- 拍摄制作短视频
  - 短视频脚本撰写
    - 主题定位
    - 规化内容框架
    - 故事细节填充
  - 短视频拍摄
    - 景别
    - 运镜
  - 短视频制作
    - 片头片尾
    - 音效
    - 特效

- 运营短视频
  - 短视频系统推荐机制
    - 底层逻辑
    - 账号自检
    - 流量进阶
  - 付费推广
    - 推广工具——DOU+
    - 推广平台——巨量引擎
    - 推广平台——磁力引擎
  - 短视频＋电商，助力商品销售
    - 重构电商的"人、货、场、形"
    - 形成娱乐—发现—购物—娱乐的业务闭环
    - 内容和商业模式上形成优势互补

任务一　定位短视频账号

📶 案例导入

账号"李某某"的定位是美食博主，"国风"是她的特色，自给自足，如诗画般的田园生活是她的吸引点。从人物简介：李家有女，人称子某，到头像中的红纱薄掩面，眉间点朱砂，再到内容中为了美食而进行的那些劳作，符合人们想象中的中国传统田园生活的场景，都是对自身定位的不断巩固。

"李某某"微博粉丝数超 2 600 万，抖音账号粉丝数超 5 000 万，Youtube 粉丝数破千万，成为该平台首个破千万的中文创作者，更获得了来自政府官方的肯定。从个人 IP 到品牌，再将品牌影响力扩展到了社会层面，作为一个视频创作者，她取得了巨大的成功。

📶 任务描述

通过本任务的学习，掌握短视频定位的方法。

📶 知识讲解

在运营短视频账号的过程中，很多人都存在一个误区：无论做什么账号，都以涨粉为首要目标。虽然说现在是流量时代，流量在哪里，市场就在哪里。但是你会发现，很多有十几万粉丝的大号在变现上有时候还不如一个只有几万粉丝的小号。如果我们希望通过短视频实现变现，账号定位一定要做好，并且要保证持续的、高质量的内容输出。

定位理论是由美国著名营销专家艾·里斯与杰克·特劳特于 20 世纪 70 年代提出的。里斯和特劳特认为，定位要从一个产品开始，产品可能是一种商品、一项服务、一个机构甚至是一个人，也许就是你自己。但是定位不是你对产品要做的事，定位是你对预期客户要做的事。换句话说，你要在预期客户的头脑里给产品定位，确保产品在预期客户头脑里占据一个真正有价值的地位，就是让品牌在顾客的心智阶梯中占据最有利的独特位置的过程。

对于短视频账号的定位，主要目的就是确定该账号的主攻领域，确定内容创作和运营的方向。账号定位越清晰准确、领域越垂直，粉丝就会越精准，才能在制作短视频的时候有的放矢，对于后续的短视频运营和推广也能起到事半功倍的作用，商业变现也就越轻松。

那么，想要打造一个短视频账号，如何对这个账号进行定位呢？

一、选择自己喜欢或者擅长的领域

在人人都可以做新媒体的时代，如果要孵化一个个人账号，首先需要从自身角度出发，考虑自身在哪个领域比较擅长，如舞蹈、表演、搞笑、美食等，在自己擅长的领域，更能够保证内容的持续输出以及挖掘内容的深度；其次，考虑自身有哪些引人关注的亮点，如外貌、学识，如果有独特亮点，更容易做出差异化并被用户记住；最后，考虑自身对哪些东西感兴趣，运营短视频账号是一个长期持续的过程，对于自己感兴趣的事物更容易坚持下来，如图 4-1 所示。

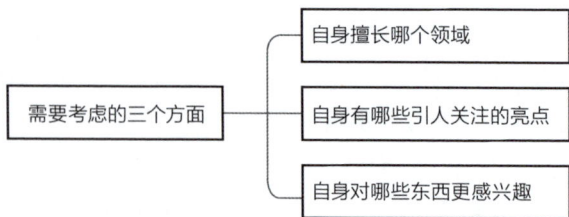

图 4-1　短视频账号定位需要考虑的内容

二、确定变现方式

有很大一部分短视频创作者，是把短视频平台作为娱乐、分享生活的工具，有什么好看的、好玩的、想要分享的内容都会随手拍摄成短视频发布出来，纯属个人兴趣，目的是分享。而商业化运营短视频账号是需要经费支撑的，变现是运营短视频账号的最终目的，找到目的，才有运作的方向。

在短视频领域，一般的变现策略有四种形式，如图 4-2 所示。

图 4-2　四种变现策略

1. 电商带货

电商带货是短视频平台最主流的变现方式之一，包括抖音、快手、视频号、百家号、大于号等 App，都支持将需要售卖商品链接插入到短视频，或者通过短视频账号进行直播卖货，从而获得销售利润。

2. 广告合作

多数的短视频创作者最终的收益要依靠接广告，通过接广告的方式变现。这种变现形式，账号需要满足一定的条件：一是账号有一定粉丝数积累，越多越好，如对接广告资源的星图平台，要求账号粉丝量不低于 5 万；另一个是账号互动率，互动率越高转化可能越高，更受广告主青睐；最后是账号垂直度，一个拥有精准流量的账号比一个流量不精准的账号获得的广告费要高得多。

3. 引流咨询

一般来说，如果产品的客单价高于 1 000 元，就很难在短视频平台上直接销售出去，又或者要推广的是自己的平台，自己平台上有更完整的转化流程，那就只能用引流咨询的方法。例如线下培训课程，有账号会通过打造名师 IP 获取用户信任，引导用户咨询，从而进行报名并参加线下课程。

4. 直播收益

这里的直播收益要和直播带货区分开来，是指通过直播获得打赏的收益。例如部分才艺、游戏、情感账号等，其不适合带货，则更多通过获得直播间打赏礼物来进行变现。

三、定位角度

微课

打造短视频
IP 人设

通过前面两个方面的思考，对于账号的定位，有了一定的方向。但落实到短视频制作，还是会感觉无从下手。因此我们还需要考虑，短视频到底要给谁看？这些用户喜欢看什么？什么样的题材能让这些用户喜欢并成为热门内容？怎么样才能让这些用户快速记住我？也就是受众定位、内容定位、人设定位。

1. 受众定位——用户分析

用户群体的选择也是决定后期运营方向的重要因素，只有在前期了解了所要针对的用户群体，在运营中给到这些群体想要获得的内容，在后期才会达成认可。在这个部分，对于明确需要变现的账号，通常需要收集分析用户的性别、年龄、地域、职业属性、消费能力等。从而去思考，他们最大的困难、问题或者愿望是什么，什么是他们不想要的，如受众为喜欢购物的女性，那么在直播中的高频词可能是"姐妹们"；三十多岁的宝妈更愿意关注育儿知识；年龄阶段、地域和职业属性都会影响用户对产品的风格要求，二十多岁的年轻人更侧重选择有活力的产品，职场人士则更多选择有品质的产品；人群的消费能力，更决定了选品的价格区间。

2. 内容定位——明确账号内容和形式

在明确了账号的整体方向后，接下来需要明确账号的内容和形式。最好的方法就是参考同行账号，做竞品分析，借鉴他们做得好的地方，不断优化自己的账号。

竞品分析从主观分析和客观分析两个方面来看：

● 主观分析方面，一是分析同行账号内容对观众的吸引度，分析这种类型的账号是否受用户的欢迎，从而决定是否要选择做这个类型的账号；二是分析同行账号内容的优缺点，如账号的转化率和变现率如何，如果转化率不高，自己也没有做的必要。

● 客观分析方面，一是分析用户习惯，观察同行账号近一到两周作品的发布时间、发布频率，总结哪个时间段的流量最好，从而减少自己试错的时间；二是分析同行间的差异点，从而找到自己的差异化；三是做好市场调研，观察同行账号至少近期一个月的流量情况，根据流量反馈来分析市场饱和度。

3. 人设定位

打造短视频人设可以帮助创作者确定内容创作方向，为作品贴上属于自己的标签；同时根据标签稳定输出内容，有助于打造账号垂直度，提高账号权重，获得更加精准的推荐。而想要在千千万万的短视频作品中脱颖而出，必须有能让用户记住的"点"。短视频人设就是将这个"点"放大并专业化、系统化。一个好的短视频人设能够获得用户极高的信任度，商业化价值将更高。

这里推荐使用九宫格的方式（图4-3）定位人设，思考几个问题：你是谁？你能做什么？你有什么不一样？

职业 社会角色 行业角色	外表 形象特征 穿搭风格 妆容风格	性格 性格特征 人物个性
优势 差异化	核心定位	价值 提供什么 解决什么 分享什么
粉丝画像 性别 年龄段 人群共性	口头禅 一个词 或一句话 或一个招牌动作	标签 关键词 标志道具

图4-3　人设定位的九宫格方式

💬 思政园地

网络博主李某某，出生于四川农村，2012年，因为奶奶生病，需要人照顾，她选择了回乡创业，开始自拍自导古风美食短视频。在拍摄内容的选择上，与奶奶生活在一起的李某某选择了最熟悉的"农村生活"。其最初设定的话题取自俗语："四季更替，适食而食。"其间，她曾用了一年多的时间还原"文房四宝"在古代的制作过程，也用古法制作过手工酱油，甚至以一人之力在院子里用木头和竹子搭了一座茅草棚和秋千架。她的美食短视频慢慢走红，深受国内外网民的喜爱。她的视频，没有一个字夸中国好，但她讲好了中国文化，讲好了中国故事。账号的设定也从小我到大我，从开始的创业到后来致力于推广我国非遗文化，为我国非遗文化的传播贡献出自己的一份力量。

🔊 任务实施

学生实训工作单

【工作情境】

近期，公司启动了企业短视频账号运营，并且给小美分配了新的任务，了解公司所有上新的文具产品，并且根据产品信息，完成公司短视频官方账号的定位。

【工作任务书】

工作任务	短视频账号定位
工单描述	作为公司短视频运营人员，选择销售类目，为一个新短视频账号进行定位
任务目标	以直播带货为目的，成为公司产品的销售渠道之一
任务要求	要求主播出镜
工作步骤	①了解主播个人优势； ②确认销售类目； ③定位产品的受众； ④内容定位； ⑤人设定位
素材来源	无
工作难度	□简单　　□一般　　☑偏难　　□困难
注意事项	①内容符合社会主义核心价值观； ②不得有违中国特色社会主义制度的内容； ③能够长期持续输出内容
评价标准	□是否发挥了主播的个人优势 □产品是否匹配受众群体 □内容定位是否有吸引力 □最终定位是否能够支撑长期持续输出内容

【工作任务相关知识与技能】

如何知道自己的竞品有哪些？

- 在搜索引擎上搜索产品关键词；
- 在短视频平台上搜索产品关键词；
- 在电商平台上搜索产品关键词；
- 查看艾瑞等行业报告里提及的企业；
- 查看行业协会出具的企业花名册；

- 在应用市场中搜索产品关键词；
- 查看行业媒体网站；
- 访谈销售人员；
- 访谈用户。

任务二 拍摄制作短视频

📶 案例导入

2021 年 11 月 9 日，央视新闻抖音官方账号发布的一个短视频"有一种本能叫'铃响就冲'，那一份责任已深入骨髓。致敬！"。视频主题是致敬消防战士，40 秒的内容中，通过一定拍摄技巧，表现了在外休假的消防员听到警报铃声立马就冲的本能反应，引出他们的责任心以及为人民的付出。通过伏笔以及特写的镜头语言，引发观众对消防战士的敬意、感动和疼惜。

视频获得点赞数 1 602.9 万，评论数 38.8 万，收藏 9.1 万，转发 34.7 万。该视频在央视新闻抖音账号日常几十万点赞的视频中脱颖而出，并在抖音创作者平台被推荐为优秀脚本。

📶 任务描述

通过本任务内容的学习，了解视频拍摄的小技巧，选择一个主题，为自己的短视频账号的第一条短视频编辑脚本并拍摄剪辑成片。

📶 知识讲解

在运营短视频账号的过程中，所有的内容输出都是通过视频的方式展示给观众，制作一个好的视频，从拍摄技巧到拍摄内容再到视频剪辑，每一步都非常重要。

一、短视频脚本撰写

脚本是指表演戏剧、拍摄电影或视频等所依据的底本，是故事的发展大纲，用来确定故事的发展方向和呈现方式。一切参与拍摄、剪辑的人员，包括摄影师、演员、道具师、剪辑师等，他们的一切行为和动作都是服从于脚本的。脚本的最大作用，就是提前统筹安排好每一个人每一步要做的事情，一张表格可以让你事半功倍。简而言之，脚本是为效率和结果服务的。

在编写短视频拍摄脚本前，需要确定短视频整体内容和制作流程，主要包括以下三个方面。

1. 主题定位

短视频的内容通常都有主题。例如，拍摄美食系列的短视频，就要确定是以制作美食为主题，还是以展示特色美食为主题。

2. 规划内容框架

规划内容框架就是要确定通过怎样的内容细节和表现方式来展现短视频的主题。在这个环节中，人物、场景、事件、背景音乐、镜头运用等都要规划好。

3. 故事细节填充

细节最大的作用就是加强观众的代入感，调动观众的情绪，让短视频的内容更有感染力。在撰写短视频脚本时，常见的细节包括台词、时长、道具等。

短视频脚本的范例如图4-4所示。

主题	致敬中国消防战士								
拍摄地点	面馆								
镜号	景别	运镜	场景	台词	时长	道具	音效	备注	
1	中	推	面馆中收银员正在工作	无	0:00:02	收银机	消防警报铃声	画面后能看到一个人影跑了	
2	中	跟踪	收营员追出去 一男子跑到面店门口停住了	收银员：欸，没给钱	0:00:04			进店客人投来不能理解的眼神，旁白小孩被吓哭	
3	全	定	店门口路过两个中学生看着男子窃窃私语	学生：欸，你看	0:00:01				
4	中	定	店里，宝妈哄着正在哭的孩子，捂着小孩的眼睛	宝妈：没事没事，别怕	0:00:02				
5	中	定	店里，收银员看了一眼小孩	宝妈：以后别玩火了知道吗	0:00:02		店里客人的窃窃私语		
6	中	跟踪	男子用衣服遮住脸回到座位，将桌上的谁入自己的背包中，并拿起手机示意收银员付款	男子：不好意思啊，我扫您	0:00:08				
7	中	定	收银员推阻，表示不收钱	收银员：欸，不收钱，你为我们的安全牺牲太多了，这钱啊，我不能收	0:00:05				
8	特写	摇	从男子的背包到男子的侧脸	无	0:00:08	背包上别着消防队的徽章	《万家灯火》高潮部分	男子脸上严重烧伤	
9	全	拉	消防战士在火海中奔跑	无	0:00:08				

图4-4 短视频脚本范例

作为短视频新手，直接利用一些常见的脚本模板，按照模板填写对应内容，能够提高工作效率。当然，脚本的样式有很多，越复杂的剧情，越需要详细的脚本，不要拘束在一个单一脚本样式中。

二、短视频拍摄

你在拿起手机拍摄视频的时候，是否经常有这种操作，手机从左摇到右，从右摇到左，从下往上扫，再从上扫下来。画面不但没有主题，而且看了会使人感觉头晕。有时，在脑海中已经有了想要拍摄的内容，但动手拍摄的时候总觉得无从下手，或者拍出来的成片总是不尽人意，不能很好地表达出自己的想法。这些情况的出现，很大原因是拍摄者对于拍摄，仅停留在有镜头出画面的阶段，没有更多地了解拍摄技巧，缺少通过镜头表达意图的能力。这个时候，就需要了解一些基础的镜头语言和拍摄技巧。

微课

短视频
拍摄技巧

1. 景别

摄影机与被摄主体之间由于不同距离产生的画面内容称为景别。在摄影机固定的情况下，不同拍摄距离会产生景别的变化，可以由大到小，也可以由小到大，根据这种范围的大小，便产生了不同种类的景别。

通常情况下，把景别分为远景、全景、中景、近景、特写五类。

- 远景：镜头相对被摄对象距离最远的景别，能够看到周围环境。
- 全景：展示人物的整体。
- 中景：只展示人物膝盖以上的部分，适合表达人物的动作以及周遭的关系。
- 近景：只展示人物胸部以上的部分，减少观众注意力的分散。
- 特写：突出人物面部表情。

不同景别的画面在人的生理和心理情感中都会产生不同的投影、不同的感受。景别作为单个画面来讲，仅仅表达一种视觉形式，而它们一旦排列起来，又和内容相结合，对内容和叙事重点的表现与表达便起到了至关重要的作用。

2. 运镜

在拍摄过程中，摄像机进行的移动，称为运镜。

对于短视频的拍摄，常用推镜头、拉镜头、摇镜头、移镜头、跟踪镜头五种运镜方式。

- 推镜头：最常见的一种运镜方式，拍摄的时候镜头逐渐向被摄主体靠近，起到了一种聚焦和突出主体的作用，可以展示更多的细节。
- 拉镜头：跟推镜头相反，镜头慢慢向后拉，慢慢远离被摄主体，起到一种突出现场和增加画面氛围的效果。
- 摇镜头：原地不动，旋转镜头，进行弧形移动，可以使镜头前的场景逐一展现在画面中，让画面非常有代入感。
- 移镜头：可以理解为平行移动，或者是横向移动，主要运动轨迹是以直线为主而不是无规则的运动，通常用于表现时空的过渡。
- 跟踪镜头：强调跟随感，让观众仿佛置身场景之中。

三、短视频制作

对拍摄好的视频，我们想要进行素材整理和剪辑，最终输出成片。除了把想要表达的内容展现清晰，还需要注意视频的片头片尾、音效、特效等。

1. 片头片尾

短视频有短、平、快的特点，要求视频一定要在开头快速吸引观众，除了内容的创新外，一个酷炫的片头也有助于在第一秒就抓住观众的眼球。如果我们用心去制作片头，至少在内容刚开始的一秒内就从视觉上与别人制作的内容有所区别，能大大提升内容的吸引力。

有两种常用的片头制作方式：文字模版片头和镂空文字片头。

- 文字模板片头如图 4-5 所示，能够突出主题。

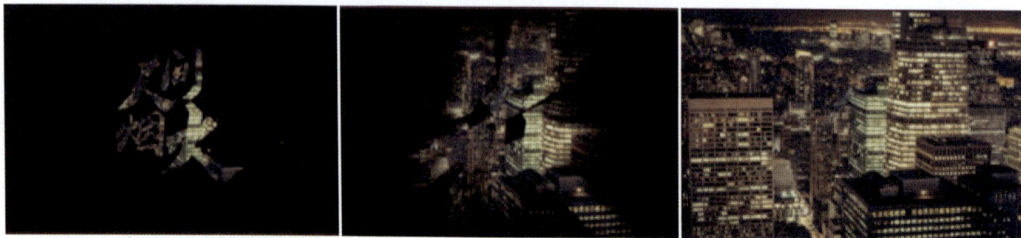

图 4-5　文字模版片头

• 镂空文字片头如图 4-6 所示，容易引发观众的好奇。

图 4-6　镂空文字片头

片尾对于短视频来说也是很重要的组成部分，因为在影片的结束位置，可以传达与内容不一样的信息，同时，精美的片尾也可以提升视频的互动性，如求关注、求评论等，如图 4-7 所示。

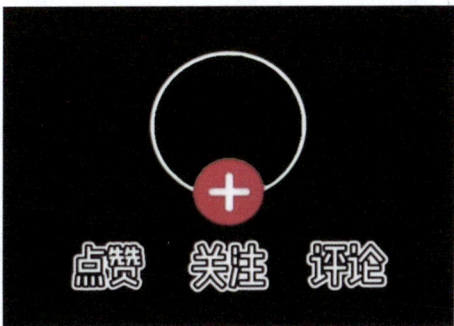

图 4-7　片尾示例

2. 音效

除了画面以外，音效的添加也非常重要，包括配音、配乐、同期声等。一方面，音乐本身能够吸引观众；另一方面，音乐能够增强情感的表达，带动氛围，产生一种让观众身临其境的感觉。背景音乐的类别要与短视频具体内容的特点、感情特性保持一致。

3. 特效

好的特效能够吸引观众的注意力，提高观众的观感。以剪映软件为例，短视频制作中常用的特效有画中画、转场、智能特效等。

（1）画中画

使用画中画功能，可以添加多个视频轨道，让两个视频在同一画面中同时播放。

（2）转场

转场属于剪辑手法中的一种，从字面意思上理解"转"代表转换，"场"代表场景，所以转场的意思就是场景转换或时空转换。转场最基本的作用是分隔内容，就是把两个场景所发生的情节内容分隔开，避免观众在剧情上产生混淆；其次是在转场的过程中，利用简单的动画效果来完成场景过渡，让视频看起来更加流畅连贯。现在的视频剪辑软件越来越便捷，越来越完善，有入场动画、出场动画、组合动画可选，如图 4-8 所示。

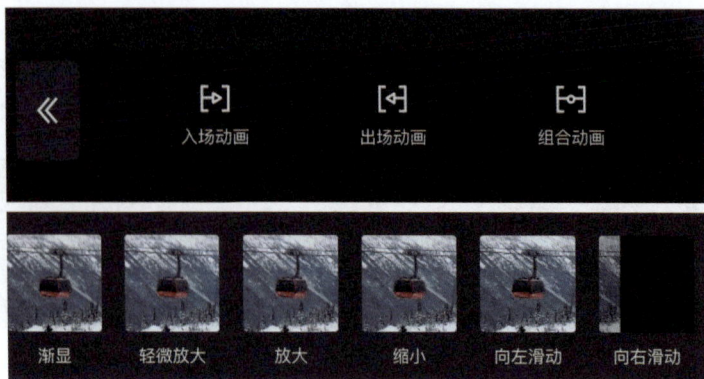

图 4-8　视频剪辑软件功能

（3）智能特效

智能特效是指在视频中通过智能程序人为制造出来的假象和幻觉，包括画面特效、人物特效，如图 4-9 所示。画面特效有鱼眼、雪花、发光等效果；人物特效可以给视频中的人物添加头饰、挡脸、爱心泡泡等。

图 4-9　智能特效

当然，除了剪映以外，剪辑软件还有很多，如快影、快剪辑、Adobe Premiere 等，可以根据视频制作的需求以及个人的习惯进行选择。

微课

短视频的
黄金三秒

💬 思政园地

2019 年起人民日报海外网已连续四年举办全球华人生活短视频大赛，一位西安小伙为了让陕西传统风味面食——油泼面扎根韩国，不仅潜心钻研油泼面中面粉和水的完美配比，更将产品形象人物化，通过相关歌曲、舞蹈和兵马俑卡通玩偶的设计塑造品牌形象。他的短视频吸引了全球的人来关注这有千年历史的面食。小镜头里有大世界，小故事里有大情怀。短视频用多维的视角、多元的表达，展现一个个生动的面孔、一幕幕鲜活的故事，用镜头语言讲述中国故事、传播中国声音。

📶 任务实施

学生实训工作单

【工作情境】

短视频时代内容为王，小美所在的团队需要结合公司短视频账号的定位，原创内容脚本并拍摄、剪辑后制作成完整的视频，在公司的短视频账号中发布，帮助公司进行品牌传播，为产品引流。

【工作任务书】

工作任务	拍摄制作短视频
工单描述	结合任务一中的账号定位，选择一个主题，为短视频账号的第一条短视频编辑脚本并拍摄剪辑成片
任务目标	通过短视频，引起用户的兴趣，进而使用户对短视频进行点赞、转发、评论，甚至关注账号
任务要求	符合账号定位，为直播带货做铺垫
工作步骤	①编写短视频脚本； ②视频拍摄； ③视频剪辑
素材来源	无
工作难度	□简单　　　□一般　　　☑偏难　　　□困难
注意事项	①禁止出现任何形式的水印； ②不要投机取巧，不要盗用他人作品，要保证原创； ③选题避免选择敏感、负面或风险较高的内容； ④视频清晰
评价标准	□内容是否符合账号定位 □视频画面是否清晰、稳定 □视频内容是否能够引起目标群体的兴趣

【工作任务相关知识与技能】

拍摄短视频，最常用的设备有三种：手机、相机和摄像机。手机的最大特点是方便携带，可以随时随地进行拍摄，遇到精彩的瞬间可以立即拍摄下来永久保存。但它不是专业的摄像设备，拍摄像素偏低，拍摄质量不高。如果光线不好，拍出来的照片容易出现噪点。用手机拍摄的时候也容易出现因为手的抖动使画面不稳定。因此，在实际拍摄时常常为手机搭配一些工具进行辅助拍摄。

（1）手持云台

用手机进行拍摄时，可以配备专业的手持云台，这样可以避免因为手的抖动造成视频画面晃动的问题。

（2）自拍杆

自拍杆能够帮助用户通过遥控器完成多角度的拍摄。

（3）手机自动旋转器

借助手机自动旋转器，可以用手机进行360°的全景拍摄。

（4）补光灯

补光灯可以改变光线，让脸部的肌肤呈现得更加自然。

（5）外置摄像镜头

手机的外置摄像镜头可以让拍摄出来的画面更加清晰，人物的形态也会更加生动、自然。

（6）支架

手机支架除了可以解放拍摄者的双手，而且将它固定在桌子上还能防止手机滑落。

任务三 运营短视频

案例导入

某奶茶品牌在还没有实体店的时候，首先在短视频平台上成为了一个"小红人"。2018年1月，一条主角是一杯会"占卜"的奶茶的短视频在短视频平台上大为流行，这一条视频收获了883万的播放量，获赞24万。

奶茶历来是年轻人的时尚饮品，而该品牌奶茶既是奶茶又自带娱乐性质，每次奶盖上的字都是随机生成，给人带来意外惊喜，让消费者自己就忍不住发朋友圈或短视频，帮助品牌做广告，所以受到追捧并不意外。短短3个月时间，该品牌的奶茶店就签下了200多家加盟商。

任务描述

通过本任务的学习，了解短视频系统推荐机制，了解各平台的付费推广工具，了解短视频＋电商的运作模式。

知识讲解

运营是连接产品与用户，并拉升产品指标的一系列过程，是与产品生产和服务创造密切关系的各项管理工作的总称。例如，李雷最近想做一个短视频账号，取名为"职教说"，那么，这个账号就是他的"产品"。他想做的就是提升这个账号的价值，如何评价一个账号的价值？需要有一系列的指标，如点赞数、播放量、粉丝量、转发量等，这些数据越高，账号也就越有价值。为了拉升这些指标，李雷做了优质的视频，即内容运营；还做了线上线下的粉丝活动，即活动运营；还主动活跃用户，即用户运营。整个过程统称为运营。

那么，判定短视频账号价值的这些数据从哪里来呢？怎么样才可以得到更高的数据呢？我们首先需要了解平台分发流量的一些规则和渠道。

1. 短视频系统推荐机制

（1）底层逻辑

短视频平台对于用户发布的短视频的推荐有一套基本流程，如图4-10所示。发布的短视频，首先要符合法律法规，确认没有问题，系统会给到基础流量，在基础流量池中用户反馈好，即可进入下一个更大的流量池，也就是说，会有更多用户看到这个视频，以此类推。

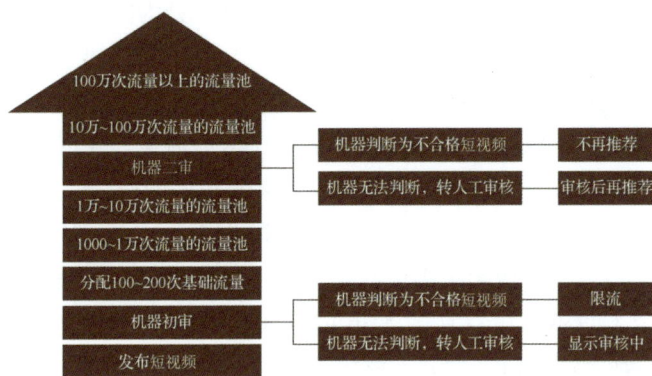

图4-10　短视频推荐的基本流程

（2）账号自检

短视频在发布之后，平台通常会给到一些基础流量，不同级别账号获得的基础流量会有所不同，我们要学会根据作品流量，判断自己的账号情况，如图4-11所示。

图4-11　账号情况判断

（3）流量进阶

在底层逻辑中我们了解到，发布的短视频在基础流量池中用户反馈好，即可进入下一个更大的流量池，那么从哪些方面体现用户反馈的好坏呢？平台会从完播率、点赞量、评论量、转发量、播放量五个方面进行考核。优秀短视频的标准是点赞比大于5%，评论比大于1%。互动率达到5%左右可能进入下一个流量池。

互动率的算法如下：

$$互动量 = 完播量 + 总赞量 + 评论量 + 转发量$$
$$互动率 = 互动量 / 播放量$$

2. 付费推广

付费推广是常规的推广手段，付费推广工具则是推广渠道之一，不同的平台有不同的推广工具。这里以 DOU+、巨量引擎、磁力引擎为例进行介绍。

（1）推广工具——DOU+

DOU+ 是抖音短视频平台的一款视频/直播间加热工具，能够高效提升视频/直播间的曝光量及互动量。按下单场景，分为"视频 DOU+"和"直播 DOU+"，分别适用于短视频加热场景和直播间引流场景。按产品形态，分为内容加热和广告推广，内容加热是指针对原生内容场景下，快速为用户获取抖音流量的加热工具；广告推广是指针对部分特定的场景，完成账号升级入驻的用户，支持广告投放流量库存，打广告标签。

通过投放 DOU+，可以获得更多流量，扩充广告池流量，完成账号升级后可以投放营销属性视频。投放期间可以实时看到 DOU+ 带来的数据情况，帮助用户决策是否加投；投放后能够披露观众人群特征，可以根据兴趣人群的特征，进一步分析及明确受众。

当然，DOU+ 短视频投放除了需要费用以外，还要求必须是原创视频；视频内容完整度好；视频内容本身不能含有其他 App 的水印；内容优质有趣，可以尝试参与挑战或使用热门音频；视频符合抖音内容审核标准。

（2）推广平台——巨量引擎

巨量引擎是字节跳动旗下综合的数字化营销服务平台，致力于让不分体量、地域的企业及个体，都能通过数字化技术激发创造、驱动生意，实现商业的可持续增长。以横跨多场景的数字化营销能力和支持多业务模式的专业服务体系，提供从曝光、引流到深度转化，乃至新商业模式构建等一站式营销服务，为企业提供全营销链路的解决方案。

其中的巨量星图，作为抖音商业内容智能交易 & 管理平台，为广告主的品牌推广匹配合适且优质的达人，作为达人方，可以在平台进行商务合作接单。

（3）推广平台——磁力引擎

磁力引擎是快手商业化营销服务平台，作为共生商业的实践者，致力于践行产品和技术的平等赋能，为现代商业打造兼顾公域吸引力和私域吸附力的共赢生态，让品牌、商家、用户、创作者发挥更大的营销价值。

目前，磁力引擎已推出快手广告、快手粉条、磁力聚星、素造、开眼快创、金牛电商、磁力万象、快手联盟等一系列广告产品、商业服务工具和平台，如图 4-12 所示，助力品牌完成流量触达、营销增长、沉淀社交资产，实现品牌投放效率的最大化。

图 4-12 磁力引擎推广平台

- 快手粉条是快手官方推出的付费推广服务，可通过作品推广、直播推广、智能推广等服务，为短视频作品及直播间获得精准海量曝光，为账号积累更为精确的高质量粉丝以及提升直播间人气及销售额。
- 磁力聚星是快手平台推出的达人生态营销平台，满足客户营销需求与达人变现诉求。客户根据推广需求选择达人并发布视频或直播推广订单，达人接单后定制商业短视频或通过直播形式，帮助客户实现电商下单、App 下载、线索收集或品牌营销等目标。
- 磁力万象是基于快手商业化场景下打造的为客户提供海量标签，赋能客户精细化营销的数据资产平台，如图 4-13 所示。其主要是承接内外部多方数据，丰富数据标签体系，赋能客户精准定向目标人群；基于不同行业多场景营销诉求，提供数据洞察策略提升投放效率；通过智能数据管理高效助力客户投前投后营销复盘，实现数据资产沉淀及营销复用。

图 4-13 磁力万象平台

3. 短视频＋电商，助力商品销售

2023 年 3 月发布的第 51 次《中国互联网络发展状况统计报告》指出，短视频行业两强格局持续强化，各自形成差异化竞争优势，短视频内容与电商进一步融合，电商产业生态逐步完善。近年来，抖音、快手等短视频平台一方面持续促进从内容引流到电商营销，另一方面加速布局在线支付业务，短视频电商产业生态逐渐形成。2022 年，两大短视频平台均上线"商城"入口，与搜索、店铺、橱窗等"货架场景"形成互通，"货找人"和"人找货"相结合，覆盖用户全场景的购物行为和需求。电商商家纷纷下场短视频平台，"短视频＋直播＋电商"的玩法已成必然趋势。

那么，是什么原因让他们能够快速组合并迅速发展的呢？

（1）重构电商的"人、货、场、形"

传统电商与短视频内容平台的合作使直播带货的"人、货、场、形"更加多元化。

- 人：通过基于短视频和直播构建出的社交网络实现裂变式传播，每个用户既是购买者，也是传播者。
- 货：基于用户个体的去中心化传播网络，为商品增加发展空间。
- 场：主播通过个人魅力搭建了人与货的沟通场景，增加人对货的信任感，提高转

化率。

- 形：在短视频和直播的加持下，买卖货物的形式更加多样化。

通过这种新型的"人、货、场、形"，提高了电商的购买转化率。

（2）形成娱乐—发现—购物—娱乐的业务闭环

满足用户价值和商业价值的产品才能可持续地输出生命力，在"娱乐—发现—购物—娱乐"的闭环中，用户获得了娱乐，买了东西，平台和主播赚了钱；边玩边消费的模式，将传统电商的搜索式购物转变为直播电商的发现式购物。

在传统电商中，用户往往是有购物需求时才来使用产品，属于主动消费；用户的日活相对较低，所以淘宝上开发了省钱消消乐、淘金币、芭芭农场等应用，本质上是先提高日活时长再促进转化率。直播电商中，用户一开始抱着看短视频、直播的娱乐需求来使用产品，而在娱乐过程中，受平台引导、主播的感染而"发现"购物需求，更侧重被动消费。

目前，抖音、快手的内容分发策略都牢牢抓住了用户的喜爱偏好，让用户在不知不觉中消耗大量的时间在平台上，使得平台拥有极高的用户日活时长。购物也增加了平台的内容频道，丰富了用户的娱乐形式，整个闭环中，环环相扣。

（3）内容和商业模式上形成优势互补

内容上：短视频时长短，传播迅速；直播耗时长，注重互动。

短视频和直播是在满足用户的娱乐社交需求，而电商对于用户也是属于刚需，只要生活在群体性社会中，必然会产生交易。娱乐社交＋电商的组合满足用户对"精神消费＋物质消费"的追求。

简而言之，短视频平台已成为电商行业的重要战场，对于电商人来说，短视频运营可以算是电商的一部分，"短视频＋电商"才是电商人的最终目的。

💬 思政园地

短视频运营一定要有工匠精神。

一是坚持。保持日更，不管是写文章，还是拍视频，一定要坚持更新，时常断更，账号没有推荐，流量会越来越差。

二是精进。这是一种负责任的态度，追求品质不断反思、持续改进，对视频的每个细节都力求完美，对每个数据都认真分析。

三是乐业。积极体验其中的乐趣。数据差的时候，尽量做到心态平和，数据好的时候，也不骄傲。

📶 任务实施

学生实训工作单

【工作情境】

在运营过程中出现了让小美所在团队头疼的问题，在社交媒体上发布的视频曝光率很低。小美认识到了问题的严重性，准备使用内容自检的方法，分析短视频账号现阶段的情况。

【工作任务书】

工作任务	运营短视频
工单描述	请使用内容自检的方法，分析自己的短视频账号现阶段的情况
任务目标	确保现有短视频账号能够正常运营
任务要求	检测准确
工作步骤	①在账号发布 3 条短视频； ②关注并记录该短视频一周内的观看数量； ③确认最终检测结果
素材来源	无
工作难度	☑简单　　□一般　　□偏难　　□困难
注意事项	①禁止出现任何形式的水印； ②不要投机取巧，不要盗用他人作品，要保证内容原创； ③避免选择敏感、负面或风险较高的内容
评价标准	□是否在同一个账号发布视频 □监测数据是否持续一周 □发布的视频是否原创 □检测结果是否准确

【工作任务相关知识与技能】

抖音平台的短视频发布流程

①打开抖音软件来到视频页，点击页面下方的"+"号选项。

②在相册中选择已经制作好的短视频或现在拍摄短视频，然后点击右下角的"下一步"，进入到短视频发布页面。

③在界面中填写"标题"，标题中可适当添加话题。

④可以点击下方的"你在哪里"，编辑发送视频的地址，标记位置可以让更多人看到。

⑤全部编辑完成之后，点击"发布"即可。

总结与自我评估表

序号	检查事项	完成确认
1	是否已掌握短视频定位的方法与内容	
2	是否已了解短视频脚本的含义与作用	
3	是否已掌握短视频拍摄基本技巧	
4	是否已掌握短视频脚本编辑	
5	是否了解短视频系统推荐机制	
6	是否能够根据作品流量，判断自己的账号情况	
7	是否了解各平台的付费推广工具	
8	是否已了解"短视频＋电商"的运作模式	

项目检测

一、选择题

1. 以下属于景别的有（　　）。

　　A. 特写　　　　　B. 旋转　　　　　C. 全身　　　　　D. 拉镜头

2. 以下景别由远到近排列正确的是（　　）。

　　A. 远景、全景、中景、近景、特写　　　B. 全景、远景、中景、近景、特写

　　C. 远景、全景、中景、特写、近景　　　D. 全景、远景、中景、特写、近景

3. 在短视频运营中，以下不属于短视频相关数据的是（　　）。

　　A. 评论量　　　B. 阅读量　　　C. 转发量　　　D. 点赞量

4. 在短视频运营中，一般的变现形式有（　　）。（多选）

　　A. 电商带货　　B. 广告合作　　C. 引流咨询　　D. 直播收益

5. 以下属于短视频平台付费推广工具的有（　　）。（多选）

　　A. 直通车　　　B.DOU+　　　C. 超级推荐　　D. 快手粉条　　E. 笔记霸屏

二、判断题

1. 电商带货是短视频平台最好的变现方式。　　　　　　　　　　　　　　（　　）

2. 全景是镜头相对被摄对象距离最远的景别。　　　　　　　　　　　　　（　　）

3. 特写是指拍摄人物胸部以上。　　　　　　　　　　　　　　　　　　　（　　）

4. 运营是连接产品与用户，并拉升产品指标的一系列过程，是与产品生产和服务创造密切关系的各项管理工作的总称。　　　　　　　　　　　　　　　　　　（　　）

5.DOU+ 是抖音短视频平台的一款视频／直播间加热工具，能够高效提升视频／直播间的曝光量及互动量。　　　　　　　　　　　　　　　　　　　　　　　（　　）

三、简答题

1. 简述如何定位一个短视频账号。

2. 简述"短视频＋电商"能够结合的原因。

项目五
运营微信、微博

【项目描述】

　　随着互联网和移动通信技术的发展，新媒体作为一种新的传播渠道被大众接受并应用，各种新媒体平台如雨后春笋般产生，新媒体营销也应运而生，以微信、微博为代表的社交媒体平台成为新媒体营销的主流平台之一，该类平台的用户互动性强，活跃度高。微信着重于为目标人群提供持续性的精准服务，微博着重于话题信息的迅速传播，根据不同的运营需求，选择不同的运营策略，将各自的优势最大化，使运营效果最佳化。

【项目目标】

知识目标

⭐ 了解微信生态各流量载体的特点；
⭐ 了解微信平台的优势；
⭐ 掌握微信营销的价值；
⭐ 了解微博营销的特点；
⭐ 掌握微博营销的价值。

技能目标

⭐ 能分析微信与微博平台的特点；
⭐ 能注册并使用微信个人号进行营销；
⭐ 能注册并使用微信公众号进行营销；
⭐ 能注册并使用微博进行营销。

思政与素养目标

⭐ 具备团队合作精神，小组能够协调分工完成任务；
⭐ 具备创新精神，能够在合作中提出有用的建议；
⭐ 严格遵守新媒体平台管理规范，强化社会责任感，积极传播网上正能量。

运营微信、微博

运营微信
- 微信生态各流量载体的特点
  - 微信个人号
  - 微信公众号
  - 微信群
- 微信的营销价值
  - 微信个人号的营销价值
    - 输出个人品牌
    - 维护客户关系
    - 刺激产品销售
  - 微信公众号的营销价值
    - 品牌宣传
    - 客户服务
    - 电子商务
    - 市场调研
    - 线上线下营销整合
- 打造微信营销号
  - 打造微信营销个人号
    - 微信个人信息设置技巧
    - 微信好友快速添加方法
    - 微信好友信任的建立方法
    - 朋友圈发布内容的要点
    - 微信社群营销方法
  - 打造微信营销公众号
    - 做好微信公众号定位
    - 微信公众号申请方法
    - 微信公众号设置要点
    - 微信公众号快速增粉方法
    - 微信公众号促活方法
    - 微信公众号留存方法

运营微博
- 认识微博
  - 什么是微博
  - 微博的特点
    - 成本低
    - 操作便捷
    - 互动性强
    - 泛娱乐化倾向
- 微博营销的价值
- 打造微博营销号
  - 微博账号定位
  - 微博账号建立
  - 微博运营技巧
  - 微博营销方法

任务一 运营微信

案例导入

小李是一名在校大学生，所在学校有将近 2 万名学生，通过他的细心观察，发现通过微信卖水果应该有市场，于是立马行动，开办微信水果店。但开业之初，生意并不好，常常一天才有一笔几元的订单。为了增加自己微信的好友人数，小李和他的同学将宣传单、广告册发到学校的教学楼、食堂、宿舍楼等人员聚集地，利用课间在各个教室播放宣传短片……通过 3 个月的努力，小李的微信公众号获得了将近 5 000 人的关注，这些人基本都是学生，针对这一特点，小李经常推出个性产品，各类水果组成的"考研套餐""情侣套餐""土豪套餐"，在公众号上频频吸引同学的眼球。此外，小李的公众号还会不时推送天气预报或失物招领信息来吸引粉丝。通过不断创新营销内容和整合相关资源，小李的水果销售实现了每月 4 万元的收入。

任务描述

通过本任务的学习，了解个人和企业如何用微信做好产品营销，掌握打造微信营销号的方法。

知识讲解

一、微信生态各流量载体的特点

1. 微信个人号

微信个人号即个人开通的微信号，以手机端为主，可以和手机通讯录绑定，使用户可以邀请通讯录里的好友用微信进行交流，还可以通过朋友圈互动。

2. 微信公众号

微信公众号是在微信基本功能上增加的功能模块，提供智能回复和图文回复等功能，图文编辑后能让传送的信息更丰富。开通微信公众号后必须通过推广才能吸引到一定量的用户。

微信公众号主要有订阅号和服务号两类，如图 5-1 所示。

服务号

给企业和组织提供更强大的业务服务与用户管理能力，帮助企业快速实现全新的公众号服务平台。

订阅号

为媒体和个人提供一种新的信息传播方式，构建与读者之间更好的沟通与管理模式。

图 5-1　微信公众号

订阅号着重于为用户传达资讯，每天可以群发一条消息。个人可开通微信订阅号。服务号着重于服务交互，提供服务查询，每个月可群发 4 条消息。

3. 微信群

微信群是基于微信个人号或公众号的多人聊天交流服务平台，通过网络可实现多人在同一界面快速发送语音短信、视频、图片和文字，它能将有共同需求的人汇聚在同一个圈子，提高传播效率。

二、微信的营销价值

1. 微信个人号的营销价值

微信好友主要是自己认识的甚至有过线下交流的人，因此微信个人号的营销价值主要包括以下三个方面。

（1）输出个人品牌

品牌不只是企业、产品的需求，个人也需要品牌，如大家通过朋友圈分享自己的生活点滴、工作状态、兴趣爱好、思想观点等，让微信好友来了解自己，认识自己，从而形成鲜明的个人品牌，逐渐获得微信好友的信任。个人品牌的建立是一个长期的过程，需要持之以恒，方可达到预期效果，形成个人品牌的商业价值。

（2）维护客户关系

个人通过微信朋友圈发布产品信息，为客户提供售前、售后服务，在对客户有一定了解的基础上，不定期向其推荐适用的产品，在客户的生日为其送上祝福，邀请客户参加节假日活动……与客户加深情感连接，让客户进一步了解你，提高对你的好感和信任度。

（3）刺激产品销售

建立起自己的品牌，维护好众多微信好友的关系，成为口碑营销的最佳场地。自己在朋友圈发布的产品、一对一推荐的产品都可能让客户购买，甚至让客户转发推荐给更多的人，为营销提供了快跑和飞翔的机会。

2. 微信公众号的营销价值

微信公众号的粉丝主要是通过品牌推广获得，粉丝对企业有一定的了解，可能是对企业的产品存在某种需求。因此，在为企业运营微信公众号的过程中，要深刻理解微信公众号的每种价值，根据消费者的需求，提供精准的服务。微信公众号的营销价值主要包括以下五个方面。

（1）品牌宣传

随着互联网和移动通信技术的发展，想要了解一个企业的信息，只需要在微信界面，搜索企业的微信公众号就可以获得企业介绍、新闻动态、产品服务等信息，相较于网页搜索，具有搜索精准、高效、无广告的优势。此外，企业可以把最新的产品信息、促销活动第一时间告知粉丝，让用户更方便地参与品牌互动，从而降低企业的营销成本。

（2）客户服务

微信公众号与企业原有的客户关系管理系统结合，可实现常见问题关键词自动回复和接入人工客服，提高客户的满意度，从而保留老客户、吸引新客户、建立忠实客户。

（3）电子商务

微信公众号可把产品或服务及时推送给有相关需求的客户、通过客服实时沟通，直接在微信公众号上下单、支付、物流配送、售后（退／换），至完成交易，大大缩短营销周期。

（4）市场调研

调研是企业制订经营策略的重要环节，微信调研花费时间少、投入成本低，因为客户群体精准度高，调研获取的数据有效性高。

（5）线上线下营销整合

线下推广，直接与目标客户接触，用户能够直接接触到实物，更加全面地了解产品与服务；线上推广，投入成本低，传播速度更快。整合线上线下营销，有利于企业占领更多市场。

三、打造微信营销号

1. 打造微信营销个人号

（1）微信个人信息设置技巧

微信个人信息是留给别人的第一印象，当你向别人发送添加好友申请时，对方可能会通过查看你的微信头像、昵称、微信号、个性签名、地区、朋友圈等信息，判断是否愿意添加好友，以及是否愿意和你进一步交流。因此设置好微信个人信息非常重要。

①微信头像象征着品位、专业性，是别人最先看到的信息，所以最好选择辨识度高，清晰自然，给人感觉真实可靠、安全可信的图片。

②微信昵称比我们的真实名字更重要，个人账号建立初期，没有知名度时，可直接采用"实名＋企业""实名＋擅长领域"或"实名＋能为大家提供的价值"方式取名，即增加真实感，又增加可靠性，能给别人快速留下印象，一旦设置好，最好长久保持不变。

③微信号是微信唯一的 ID，利用微信号可以搜索到想要联系的用户，现在一年只能修改一次。

④微信个性签名是在添加好友时被关注得比较多的内容，直接影响着好友的通过率。因此个性签名要真实且有具体内容，给人真诚可信的感受。

⑤朋友圈是别人了解你的性格、喜好、人生观、价值观、世界观的渠道，很多人加新好友后第一件事就是看对方的朋友圈，来了解这个人。因此，朋友圈发的内容要积极、阳光、正能量，切勿滥发、刷屏。

（2）微信好友快速添加方法

微信添加好友的方法有很多，如微信自带的雷达加朋友、扫一扫、手机号导入、公众号反导入，通过网络软文、论坛贴吧、视频、电子书、邮件群发、社交平台推广导入，或者通过名片、门店活动、产品宣传单等方式推广后加好友，在这里向大家推荐几种常用的添加好友的方法。

方法 1：批量添加手机通讯录好友。一般来说，通过手机通讯录可获取第一批微信好友。微信注册申请成功后，点击主界面右上角的"+"，选择"添加朋友"，选择"手机联系人"，即可批量点选添加手机通讯里开通了微信的朋友，如图 5-2 所示。在微信设置界面关掉"加我为朋友时需要验证"这个设置，这样客户添加我们为微信好友时，就不需要经过验证便可直接交流。

图 5-2　添加微信好友

方法 2：社群加好友。建立微信群，将朋友拉到群里，让自己的群有吸引力，吸引朋友拉入更多的朋友到群里，在朋友的朋友加群后，再加他们为好友。此外，也可以使用关键词查找相关的群，加入进去，不论是自建微信群，还是加入其他群，只要在群内够活跃，能够让群内成员对自己留下较好的印象，加他们为好友时就比较容易通过，当然也有可能吸引别人主动来加自己。

方法 3：微信红包加好友。直接在微信群或朋友圈发"加微信送红包"的消息，这种方法简单见效快，只是要花费一定的资金。

方法 4：其他社交平台推广。在日常生活中，很多人都不只使用微信交流，QQ、微博、知乎、小红书等很多平台都有其活动的身影，只要自己乐于助人、喜欢分享，且分享的内容有价值，当自己在这些平台上帮助他人、分享内容时留下自己的微信号，相信会有很多人通过搜索微信号加为好友。

方法 5：线下推销自己。可以采取制作广告宣传单并在允许贴广告的地方张贴或向有相关需求的人群发传单的方法推广自己的微信号，还可以多参加自己所关注行业领域的活动，这种活动中认识的用户黏性较高，而活动信息可以在豆瓣、百度、论坛、社区、微博等信息平台获取。

方法 6：好友推荐。让自己的微信好友，把自己的微信名片推荐给他的微信好友。

（3）微信好友信任的建立方法

目前，微信最多可以添加 5 000 个好友（不包括群及公众号），使用一系列方法后，可能加到很多好友，甚至加满微信好友人数，但这不意味着微信好友们认可你、信任你、愿意接受你发的广告，并相信你的产品或服务，为你的推销买单。所以需要在微信好友中建立起良好的信任关系，可以从以下3个方面与微信好友建立信任感。

第一，在发送添加朋友申请时，一句话写明自己的真实身份和目的，如我是谁、我是×××推荐的、我是×××的朋友、我的工作内容、我希望加你为好友的目的等，给对方留下初步印象。

第二，真诚互动。互动交流时语言精炼、有礼、合宜，尽量不发语音（除非对方有阅读障碍），生日、节假日真诚祝福，微信好友朋友圈点赞、认真评论，对方有需要时，以专业的素养尽心尽力提供帮助。不发送虚假广告或对方完全不可能有需要的纯广告，这会让对方非常反感，大大降低信任度。

第三，在朋友圈向微信好友展示自己的专业性。不论做哪一行，专业性是最好的武器，可以在朋友圈展示自己的个性特长，发布自己的工作状态，分享行业相关的深度文章，解答一些专业问题，把自己树立成懂行的人，或者这方面的专家。例如前面的案例中，小李卖水果，可以发布自己采购水果的过程，不定期分享水果的功效与作用、不同水果的吃法、水果小食的做法、水果的生长地区等相关信息，让客户了解自己销售的水果，逐渐信任自己。

（4）朋友圈发布内容的要点

微信做的是朋友圈生意，在建立起信任的基础上，管理好朋友圈非常有必要。

①微信朋友圈不要总是发广告，广告只是很少的一部分，更多的是分享对他人有用的内容。

②不要在朋友圈过度自夸，也不要传递消极、趣味低俗、不真实、侵犯他人权益、违背社会主义核心价值观的内容，否则不但不能建立信任，反而会让微信好友反感，严重者甚至会承担法律责任。

③发布的内容要短小精悍。微信朋友圈的内容大于6行就会自动隐藏，在网络信息快餐化时代，很少会有人静下心来点开全文看你的长篇大论，更何况是广告。因此，内容要尽可能少，同时要吸引眼球，有实质内容，能快速促成购买冲动，参考案例如图5-3所示。

图5-3　参考案例

④精准发布信息。我们的朋友圈里有亲人、朋友、同学、陌生人……我们可以给每个人设置相应的标签，然后根据标签类别，把具有相同标签的微信好友放在同一组内，这样在朋友圈发消息的时候就可以选择分组，每组好友能看到与之相关的内容，这样产品或品牌的推广精准度会更高。

⑤掌握好发布时间。在目标客户活跃时间段发布信息，这样客户接收到信息的概率会更高。一般情况下，根据人们的作息规律，在朋友圈发布信息有两个黄金时间段，首先是中午 11：30—14：00，晚上 21：00 以后，午/晚休时间，玩手机的人最多；其次是早上 7：00—9：00，下午 17：00—19：00，上/下班途中，玩手机的人也比较多。当然不同的产品客户，可能会有不同的活跃时间，要灵活掌握。

（5）微信社群营销方法

以"微信群"为代表的社群主要是通过群主自建或活动拉群，很多社群开始是活跃的，但随着时间推移，有的社群活跃过一段时间后就沉默了，有的社群进去后聊两句就直接屏蔽掉，完全失去社群营销的价值。

因此，在社群运营过程中需要预留一定的话题引导，可以通过互动小游戏、热点话题讨论、故事分享、征集有奖、发红包、发社群福利等方式来激活社群，让用户参与到社群讨论中，让用户更习惯于在社群内表达自己的想法，建立更强的用户黏性。

微信社群不仅只有个人号可以打造，如果拥有公众号，还可以将公众号上的用户引流到微信个人号加为好友，拉入有相同标签需求的群进行营销。

2. 打造微信营销公众号

微信营销主要是基于公众号来实现的。

（1）做好微信公众号定位

调研市场情况，找准适合自身发展、符合自身形象的定位，是做好、做大、做强微信公众号的第一步。定位的方向越垂直目标用户，越精准越有利于营销。我们要做好定位，至少要考虑以下两个内容，然后从中找到它们的交集，对症下药，更容易出效果。

①分析个人/企业到底想要什么，需要思考是想通过这个微信公众号向别人展示企业良好形象吸引粉丝，推销产品，还是提供服务，即企业需要。

②想明白想要吸引什么样的人，包括地域、性别、年龄、受教育程度、行业特征、收入水平、兴趣爱好等特征，即用户画像。

（2）微信公众号申请方法

手机端登录微信公众号后的功能没有电脑端齐全，操作也没有电脑端便捷，所以以下微信公众号的申请以电脑端的操作为例。

①搜索登录微信公众号的官方网站。

②在界面右上角，单击"立即注册"按钮，进入注册页面，如图 5-4 所示。

图5-4 注册界面

③选择注册公众号的类别，如图5-5所示。

请选择注册的帐号类型

订阅号
具有信息发布与传播的能力
适合个人及媒体注册

服务号
具有用户管理与提供业务服务的能力
适合企业及组织注册

图5-5 选择公众号的类别

④填写基本信息，如图5-6所示。

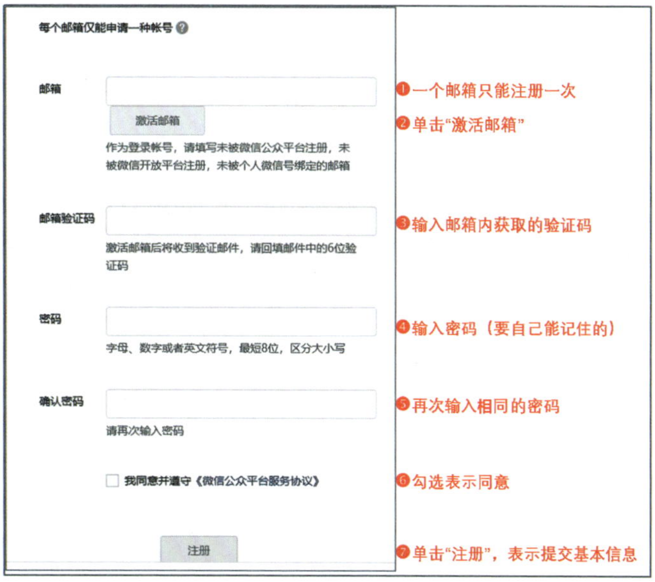

图5-6 填写基本信息

⑤选择类型。有政府、媒体、企业和个体工商户、其他组织、个人五个类别可选。其中，企业和个体工商户类可注册两个账号，需按照营业执照上的主体类型如实选择注册类型。

个人类型：包括由自然人注册和运营的公众账号。账号能力：个人类型暂不支持微信认证、微信支付及高级接口能力。

每个类别有不同的登记信息要求，选择个人比较容易通过。

⑥信息登记。如果选择的是个人类型，准备好手持身份证的照片和手机，按照要求填写即可，每项都是一些常规信息，填写好之后，单击"继续"按钮。不同主体类型需要准备的材料见表5-1。

表5-1 不同主体类型需要准备的材料

企业类型	个体户类型	个人类型
企业名称	个体户名称	—
营业执照注册号/统一信用代码	营业执照注册号/统一信用代码	—
运营者身份证姓名	运营者身份证姓名	运营者身份证姓名
运营者身份证号码	运营者身份证号码	运营者身份证号码
运营者手机号码	运营者手机号码	运营者手机号码
已绑定运营者银行卡的微信号	已绑定运营者银行卡的微信号	已绑定运营者银行卡的微信号
企业对公账户	—	—

⑦填写公众号信息。这是申请流程的最后一个环节，按照要求填写完账号名称、功能介绍、运营地区后单击"完成"按钮，即可提交审核，系统会在很短时间内审核提交的信息（周六、周日等节假日估计较慢），然后发一个系统通知，审核通过就可以正常使用公众号。

在注册申请微信公众号时，如果遇到注册登记、注册流程指引、验证方式、名称设置、认证等其他问题，可关注微信公众号"腾讯客服"咨询。

（3）微信公众号设置要点

微信公众号注册申请成功后，就要根据定位精心设置账号详情、功能和授权管理。

①账号详情设置：以管理员身份进入公众号主页，单击右上角头像旁向下箭头，选择"账号详情"菜单，进入"公众号设置"界面，选择"账号设置"选项卡，即可按提示设置账号的头像、名称、微信号、二维码、功能介绍、微信认证等内容，操作界面如图5-7所示。

图5-7 账号详情设置界面

微信公众号头像、名称的作用和个人微信号大致相同，设置要点不变。微信号不支持中文账号，必须以字母开头，每个自然年可更换一次，设置以方便搜索记忆为标准。二维码主要用于推广与分享公众号，可直接单击旁边的"下载"按钮，下载保存即可，操作步骤如图5-8所示。介绍和微信签名的作用类似，只是每个月最多能更改5次，更改前精心编制、仔细检查，勿漏发、错发，否则浪费限额。微信认证是微信公众平台为了确保公众号信息的真实性、安全性，提供给微信公众号进行微信认证的服务，认证后，公众号在搜索列表中的排名会提前，获得用户关注的机会更大，还可享受更有价值的个性化服务。认证有效期为一年，在过期前3个月内可申请第二年的认证。

图 5-8　二维码下载界面

②账号功能设置："公众号设置"页面中"功能设置"选项卡所含内容如图5-9所示。

图 5-9　账号功能设置界面

隐私设置是指是否允许用户通过名称搜索到本公众号，作为营销号请选择"是"，操作界面如图5-10所示，这样别人才可以通过微信号或二维码搜到账号。设置成功后半小时生效。

图 5-10　隐私设置

图片水印设置是为了让微信公众号得到更好的推广，获得更多的粉丝关注，所以尽量选择"使用微信号"或者"使用名称"，操作界面如图 5-11 所示。当上传图片时，需将图片上传至服务器才能显示图片水印，若直接复制粘贴到正文内容中，发布出来的图片不会显示水印。

图 5-11　图片水印设置

（4）微信公众号快速增粉方法

①推送用户喜欢的内容，这也是提高用户黏性的方法之一。不要只发企业的动态、活动、产品资讯等，还可推送新闻、知识、各种经验、各类文章等用户喜欢度比较高的内容，吸引用户关注和转发。

②微信文章结尾处留下微信二维码，并鼓励粉丝互推。

③线下加好友，如扫码加关注后，送礼物，这种方法需要花钱，但确实快速有效。

当微信公众号积累了一定量的用户，可以将微信公众号上的用户引流到微信个人号加为好友，两者结合运营效果会更好。

（5）微信公众号促活方法

给微信公众号增加粉丝后，必须采取运营手段提高用户的活跃度，提升用户黏性，也就是留存与促活。常见的留存促活方法有以下几种。

- 奖励促活，如用户参与后送礼物等，可以有效促进用户活跃度，提高微信公众号的打开率。
- UGC 方式，即可以减轻微信公众号编辑团队的原创压力，也可以提高用户的参与度，让用户享受"上墙"的快感，满足用户的表达欲望。
- 回复评论是运营者与用户进行沟通和交流的重要手段，好的回复可以增加运营者与用户的联系，提高用户的参与热情。
- 建立粉丝社交，让粉丝与粉丝之间互动起来。
- 星标促活，一个用户关注的公众号可能有几十个，甚至上百个，与普通公众号相比，星标公众号会被送上订阅号，会位于列表的顶端，被用户打开的概率会更高。

（6）微信公众号留存方法

大部分用户很难对一个微信公众号保持长期关注，要让一个用户保持长久的注意力，可以使用以下方法。

①创作好的内容。

②每天坚持输出精准度高的可读性图文。

③定期开展活动，在粉丝达到一定规模的时候用活动来吸引粉丝积极参与。

④多与用户互动。

⑤建立粉丝群，平时多聊家常，多嘘寒问暖。

微课

打造优质社群

💬 思政园地

有种营销，叫润物细无声。一则名为"世界再大，大不过一盘番茄炒蛋"的朋友圈广告横空出世，虽然仍然是换汤不换药的亲情牌，但仍凭借着极高的共鸣度让大众心甘情愿买单。随着大家的疯狂转发，其背后的广告主某银行也获得了不小的流量增长和品牌曝光。因为故事温暖、触动人心，没有人会计较故事出处。

📡 任务实施

学生实训工作单

【工作情境】

微信、微博平台运营是公司新媒体运营中最传统，同时也是最重要的一环。小美新的工作任务就是在微信朋友圈、微信群、微信公众号发布文具的营销推文。

【工作任务书】

工作任务	微信运营
工单描述	以"开学好物"为主题，在目标客户活跃时间段，在微信朋友圈、微信群、微信公众号发布该批文具的营销信息，并实时与用户互动，做好产品营销工作
任务目标	通过对文具的相关介绍，调动用户对文具的兴趣，进而购买相关文具
任务要求	目标用户：以12~22岁学生群体为目标用户； 目标愿景：以宣传、营销该批产品为主
工作步骤	①注册微信公众号； ②以小组为单位，根据目标用户需求和痛点，讨论和制作适合微信发布并能展示产品卖点的内容； ③在公众号发布推文； ④在微信朋友圈发布推文； ⑤在微信群发布推文； ⑥与用户实时互动
素材来源	小红书 / 微博 / 抖音 / 淘宝 / 微信朋友圈 / 微信公众号
工作难度	□简单　☑一般　□偏难　□困难
注意事项	①最好在目标客户活跃时间段发布信息； ②不要生硬发广告刷屏； ③不要发布夸张、虚假、不实信息； ④不要投机取巧，不要盗用他人作品； ⑤不要传播消极、低俗、违背社会主义核心价值观的内容
评价标准	□是否能顺利注册微信公众号 □是否能制作适合微信推送的内容 □是否能在微信公众号、微信朋友圈、微信群发布推广 □是否能与用户良好互动 □是否有销量 □是否能增加微信好友和粉丝

【工作任务相关知识与技能】

微信公众号推文发布流程：

①登录微信公众平台。

②单击左侧"素材管理"。

③单击右侧"新建图文消息"。

④编辑好文章后，单击"保存"，预览没有问题后，单击"保存并群发"，进入下一个页面。

⑤扫码验证后群发。

任务二　运营微博

📶 案例导入

有一位网友偶然发现当地超市没有一个老牌国货美妆品牌的产品销售，于是在直播间询问品牌方，"该品牌要倒闭"的传闻不胫而走，网友为了给国货撑腰，开始疯狂买买买。"为了该品牌不倒闭也是拼了"的话题被网友送上了微博热搜，网友们为了让它不倒闭，给品牌提了很多建议，引来该品牌官方微博回应"×× 正茂，国货更强""理性消费，一箱你可能用好几年，别冲动，明年还要出新产品呢"，该品牌的回应"接地气，有人气"。在不同主体的共同参与下，话题热度持续走高，获得热点事件认证，成为一个神奇的"现象"级营销，据该品牌官方表示，他们在话题高热度期间，一天内卖出了 2 万单，是平时一个月的销量。

📶 任务描述

通过本任务的学习，将了解微博营销及其特点，认识微博营销的价值，学会如何打造微博营销号。

📶 知识讲解

一、认识微博

1. 什么是微博

微博 (Micro-blog)，即微型博客，是基于用户关系的社交媒体平台，用户可以通过平板电脑、手机等多种移动终端接入，以文字、图片、视频等多媒体形式，实现信息的即时分享、传播互动。国外最早的微博由美国 Twitter 公司 2006 年创立，我国最早的微博由饭否公司于 2007 年推出，2009 年微博成为全球流行热词。目前国内的主流微博平台为新浪微博，以下内容均以新浪微博为例。

截至 2022 年 12 月，新浪微博月活跃用户数达 5.86 亿，同比净增约 1300 万用户；平均日活跃用户数达到 2.52 亿，同比净增约 300 万用户。同时，微博上已有 440 万个经认证的账号，包括名人、明星、KOL（关键意见领袖）、企业合作伙伴和媒体机构。

微课

策划微博
事件营销

2. 微博的特点

微博平台中活跃着各种类型的用户群体，按照微博的用户类型，可以将微博账号分为个人微博、企业微博、政务微博、组织机构微博以及其他类型微博。各类微博均具有以下特点：

（1）成本低

微博注册没有任何"门槛"，任何享有公民权的人都可以免费申请加入，加入后便可以成为信息的获取者和发布者，维护也是免费的。

（2）操作便捷

既可以作为观众，在微博上浏览自己感兴趣的信息，也可以作为发布者，注册微博后写上一段话（140字以内）即可立即发布，不需要任何审核。

当然也可以发布图片、分享视频等。微博最大的特点：发布信息快速，信息传播的速度快。例如，你有100万听众（粉丝），你发布的信息会在瞬间传播给这100万人。

（3）互动性强

微博的互动性强，可@、评论、转发、私信，实现与粉丝即时沟通，及时获取粉丝的建议，第一时间针对粉丝的问题给予回应。

（4）泛娱乐化倾向

从微博的热门话题、实时热搜等方面可以发现，微博的传播内容和传播方式都存在泛娱乐化倾向。其具体表现为：微博热搜主体明星化显著；以"娱乐""情感""星座"为热搜关键词，民生政治新闻被淡化；恶搞传播符号，凸显"形象感性化"；微博事件评论的娱乐化，有时甚至背离了新闻传播的初衷。

微博泛娱乐化倾向的危害：易产生大量流言、谣言，阻碍微博这一公共空间良性循环发展；易陷入全民狂欢的假象中，使用户丧失独立思考、理性批判的能力；易沦为青年亚文化侵蚀中国主流文化的主场地。

二、微博营销的价值

微博营销是指通过微博平台为商家、个人等创造价值的一种营销方式，也是指商家或个人通过微博平台发现并满足用户的各类需求的商业行为方式。根据微博的特点，微博营销最大的价值在于品牌的市场推广和负面公关。

三、打造微博营销号

1. 微博账号定位

定位是营销的第一个关键点，微博营销号也需要定位，好的定位，要围绕三点进行：
①符合目标用户需求。
②和同类微博相比，有一定的差异化和特色。差异化可以来源于内容、地域、用户群或行业等。
③要考虑以后运营过程中的内容来源问题，也就是内容从哪里来。

2. 微博账号建立

(1) 进入微博平台页面

在电脑端，搜索并打开新浪微博的主页，单击"立即注册"，如图 5-12 所示。

图 5-12　进入微博平台

(2) 选择注册账号的类型

非官方类用户请选择"个人注册"，如图 5-13 所示。政府、企业、媒体、网站、应用、机构、公益、校园组织等请选择"官方注册"，如图 5-14 所示。

图 5-13　个人注册

图 5-14　官方注册

(3) 填写基本信息

按照账号要求填写信息。

(4) 申请认证

注册成功后可在设置栏选择"V 认证"工具，按照界面提示填写相应信息，申请认证，可以提高账号的信誉度。

①个人微博申请成功后，粉丝数不低于 50、关注数不低于 50、至少 2 个橙 V 互加好友，并且有发微博内容且能体现活跃的真实个人，方能申请认证。

②官方微博注册成功后，申请官方认证时，除必须要有 Logo 和粉丝外，还必须要

有可以完成年检的详尽资料，如"个体工商户营业执照"。如果微博昵称与营业执照登记不一致，需提供相应的补充资料，这样能够防止企业微博认证出现意外。如果没有相应官方资质，则不能完成认证，注册无效。

注册注意事项：为了提高安全性，建议使用大小写字母和数字组成的密码，邮箱和密码设置好之后应备份，同时应养成定期修改登录密码的习惯。

3. 微博运营技巧

（1）设置个性化头像

头像是社交网络中的第一印象，无论是个人微博还是企业微博，请设置能给粉丝真实感和亲切感的高识别性头像。

（2）设置特征标签

微博可以设置 10 个最符合自己特征的标签，合适的标签，将会极大地增加曝光率。此外，对相关标签感兴趣的人，也可能会主动成为你的粉丝。

在电脑端登录微博账号后，在主页面中单击右上角的"设置"，选择"我的信息"，选择"个人标签"右边的"编辑"，即可添加描述职业、兴趣爱好等方面的词语，让更多人找到你，让你找到更多同类，如图 5-15 所示。

图 5-15 设置特征标签界面

（3）主动关注别人

主动找到有相同标签或目标标签，且粉丝多、活跃度高的用户，关注他们进行互听，然后等他们回粉。如果只是想增加粉丝数，可以通过找到那些靠互听或互粉建立起来的账号，然后在他们的听众或粉丝列表中，找到那些你感兴趣的人，主动关注，通常这些人会比较乐于回听或回粉。

（4）加热门话题

微博主页的话题功能，如图 5-16 所示，如果在发布内容时添加这些热门话题，则可以极大地增加曝光率和被关注的概率。

图 5-16　微博的话题功能

（5）@别人

发布内容时，多多@那些与内容相关且粉丝多的人，主动邀请他们帮忙转发。

（6）评论别人

有空的时候，到广播大厅，挑选热榜博文进行评价，最好是对还没有人评论的内容进行评论，评论越有特色，越能引发别人的共鸣。这样当他们对用户的评论进行回应时，自然就间接地为用户做了推广。评论时，应严格遵守网络信息发布的相关法律法规，不要传播谣言和法律禁止的信息，坚持正确的舆论导向，做到依法上网、文明上网、安全上网。

（7）发布优质内容

真正的粉丝需要核心内容的吸引，在信息快餐时代，发布的信息必须要有看点，语言要精练，才能增加转播量和粉丝量。围绕实时热点事件，制造富有感染力的内容，或者不时将自己生活的点滴分享给大家等都比较容易吸粉。

（8）把握好微博发布的频率

微博更新太慢，十天半月都没发布一次内容，被关注率就会降低；更新太频繁，也会让听众产生反感，从而结束对账号的关注。因此什么时候发布，发布什么内容对吸粉也很重要，一定要把握好度。

增加粉丝的操作方法不复杂，难度也不大，但要想多增加优质粉丝，需要花费大量的时间和精力。很多微博账号的粉丝量不是一夜曝增的，大V号也不是一天两天做成的，大家要有耐心和恒心，用心做，持之以恒，必有收获。

4. 微博营销方法

（1）微博事件营销

微博事件营销被很多人称为最有价值和性价比的营销方法。由于微博的传播性非常强，可能让一个人、一条新闻、一个事件在短短几十分钟内传遍互联网，所以现在很多企业借助微博进行事件营销。

（2）微博活动营销

最常用的活动方式有抢楼送礼品、转发送资源、转发抽奖。活动营销是个创意工作，需要平常多看、多学，方能厚积薄发。

（3）微博精准营销

通过开发或购买第三方服务，从微博海量用户中，提取到符合企业需求的精准用户ID，然后发布活动或内容，直接@这些活动，甚至直接给他们发消息。

（4）微博粉丝通广告

"微博粉丝通"是新浪官方推出的，基于新浪微博的海量用户，把企业信息广泛传送给粉丝和潜在粉丝的营销产品。它会根据用户属性和社交关系将信息精准投放给目标人群，同时也具有普通微博的全部功能，如转发、评论、收藏、点赞等，有较大的实用性。

（5）微博矩阵营销

很多个人或企业会建立多个微博账号，相互联动进行营销。例如，企业品牌多，则可以品牌建立矩阵；如果人员多，则可以人员建立矩阵。

（6）微博大数据营销

对于比较有实力的或大型企业，常利用互联网获取海量数据，制订相应的营销方案。

💬 思政园地

一家创始于 2000 年的国产运动品牌，曾一度面临破产。2021 年河南发生汛情，这家"淡出"公众视野很久的公司在微博宣布捐赠 5000 万物资驰援河南，一下子激发了网友们"心疼"的情怀，网友们发现它"连个微博会员都舍不得开"以后给它送了 120 多年微博会员。

大量消费者涌入其直播间购买产品。主播多次提醒"理性消费"。这个时代，是一个好人赚钱的时代。只要抱着"但行好事，莫问前程"的心态，踏踏实实做好自己的事情，终有一天会得到应有的回报。

📡 任务实施

学生实训工作单

【工作情境】

小美发布的微信公众号推文获得了高点击率，得到了领导的赞许，领导要求小美在微博上进行产品展示、植入广告，帮助公司在平台上提高曝光量和提升流量，进而促进产品销量的增长。

【工作任务书】

工作任务	微博运营
工单描述	以"开学好物"为主题，根据该类文具特性及当前热点事件制订个性化微博推文。每天推送一至两条该类文具微博营销文案，要求吸引眼球，并处理微博粉丝的咨询、建议

任务目标	通过对文具的相关介绍，调动用户对文具的兴趣，进而购买相关文具
任务要求	目标用户：以12~22岁学生群体为目标用户； 目标愿景：以宣传、营销该批产品为主
工作步骤	①注册个人微博； ②增加微博粉丝； ③组织内容，以小组为单位，根据目标用户需求和痛点，结合该类文具特性及当前热点事件，讨论和制作适合微博推广的内容； ④发布微博推文； ⑤与粉丝实时互动
素材来源	小红书 / 微博 / 抖音 / 淘宝 / 微信朋友圈 / 微信公众号
工作难度	□简单　☑一般　□偏难　□困难
注意事项	①最好在目标客户活跃时间段发布信息； ②不要生硬发广告刷屏； ③不要发布和评论夸张、虚假、不实信息； ④不要投机取巧，不要盗用他人作品； ⑤不要传递消极、低俗趣味、违背社会主义核心价值观的内容
评价标准	□是否能顺利注册个人微博 □是否能制作适合微博推送的内容 □是否能在微博发布推文 □是否能与用户良好互动 □是否能利用热点事件进行微博营销 □是否能增加微博粉丝

【工作任务相关知识与技能】

微博推文发布流程：

①在手机端打开微博 App，在底部通栏处单击"+"。

②弹出一个页面，发普通微博，单击"文字"，发文章单击"更多"。

③单击最后一个"长微博"，进入到文章编辑页面。

④在文章编辑页面，填写标题，添加封面图，编写正文后，单击"完成"发布。

总结与自我评估表

序号	检查事项	完成确认
1	是否已掌握微信生态流量的载体特点	
2	是否已了解微信营销的价值	
3	是否能运用微信个人号进行产品营销	

4	是否能快速给微信公众号涨粉	
5	是否能运用微信公众号进行产品营销	
6	是否已了解微博营销的价值	
7	是否能运用微博进行产品营销	

项目检测

一、选择题

1. 微信个人号最多可添加（　　）个好友。

　A.500　　　　　B. 3 000　　　　　C.5 000　　　D. 以上都不对

2. 微信个人号的营销价值不包括（　　）。

　A. 发表个人观点　　　　　　B. 输出个人品牌

　C. 刺激产品销售　　　　　　D. 维护客户关系

3. 个人申请微信公众号不需要准备的是（　　）。

　A. 运营者身份证　　　　　　B. 运营者手机号码

　C. 营业执照　　　　　　　　D. 已绑定运营者银行卡的微信号

4. 从连接关系来说，个人微信号属于（　　）关系，微信公众号属于（　　）关系。

　A. 点对点、一对多　　　　　B. 一对一、一对多

　C. 多对多、点对多　　　　　D. 多对多、一对多

5. 在微信朋友圈无论是卖产品还是做服务，最重要的是（　　）。

　A. 文案　　　B. 管理　　　　　C. 推广　　　D. 信任

二、判断题

1. 微信个人号、微信公众号、微信群均属于微信生态的流量载体。　　（　　）

2. 微信公众号有订阅号、服务号、企业号、小程序四种类型。　　　（　　）

3. 微信公众号的主要营销价值是品牌宣传、客户服务、电子商务、市场调研、线上线下营销整合。　　　　　　　　　　　　　　　　　　　　　　　　（　　）

4. 微博易产生大量的流言、谣言，所以可以发布任何信息。（　　）

5. 无论是微信营销还是微博营销，第一步是做好账号定位。（　　）

三、简答题

1. 简述快速添加微信好友的方法。

2. 简述微信公众号的申请步骤。

项目六
实战短视频与直播平台

【项目描述】

    随着网络传输速度逐步提升，不同于图像文字形式的内容，短视频和直播用更加精简、直观的传播形式完成品牌文化宣传以及产品的营销，创造了新媒体营销的新风口。短视频使网民能利用碎片化的时间获取信息、休闲娱乐，让信息传递更加容易。而直播带货是网民接触产品的一种新的购物方式，通过直播平台进行营销，从而达到提升企业品牌价值或者增加销量的目的。如今，各大平台的短视频与直播相互融合的方式，使平台的"流量池"越来越大，蕴含着无法预估的商业机会，也成为重要的新媒体营销推广方式。

【项目目标】

知识目标

⭐ 了解抖音和快手平台的用户特点、流量分发逻辑和运营策略；

⭐ 了解抖音、快手和淘宝平台的带货直播内容运营和数据运营。

技能目标

⭐ 能精准定位目标受众的需求，打造高质量短视频内容，并根据账号运营相关数据，完成内容优化；

⭐ 能根据直播销售主题，拟定直播流程，撰写直播脚本和发布预热信息，初步分析消费者直播观看行为指标数据和交易数据。

思政与素养目标

⭐ 培养灵敏的市场嗅觉、洞察力和互联网思维；

⭐ 遵守与网络安全和电商直播相关的法律法规及平台规则，遵守行业行为规范；

⭐ 规范引导消费，保护消费者权益。

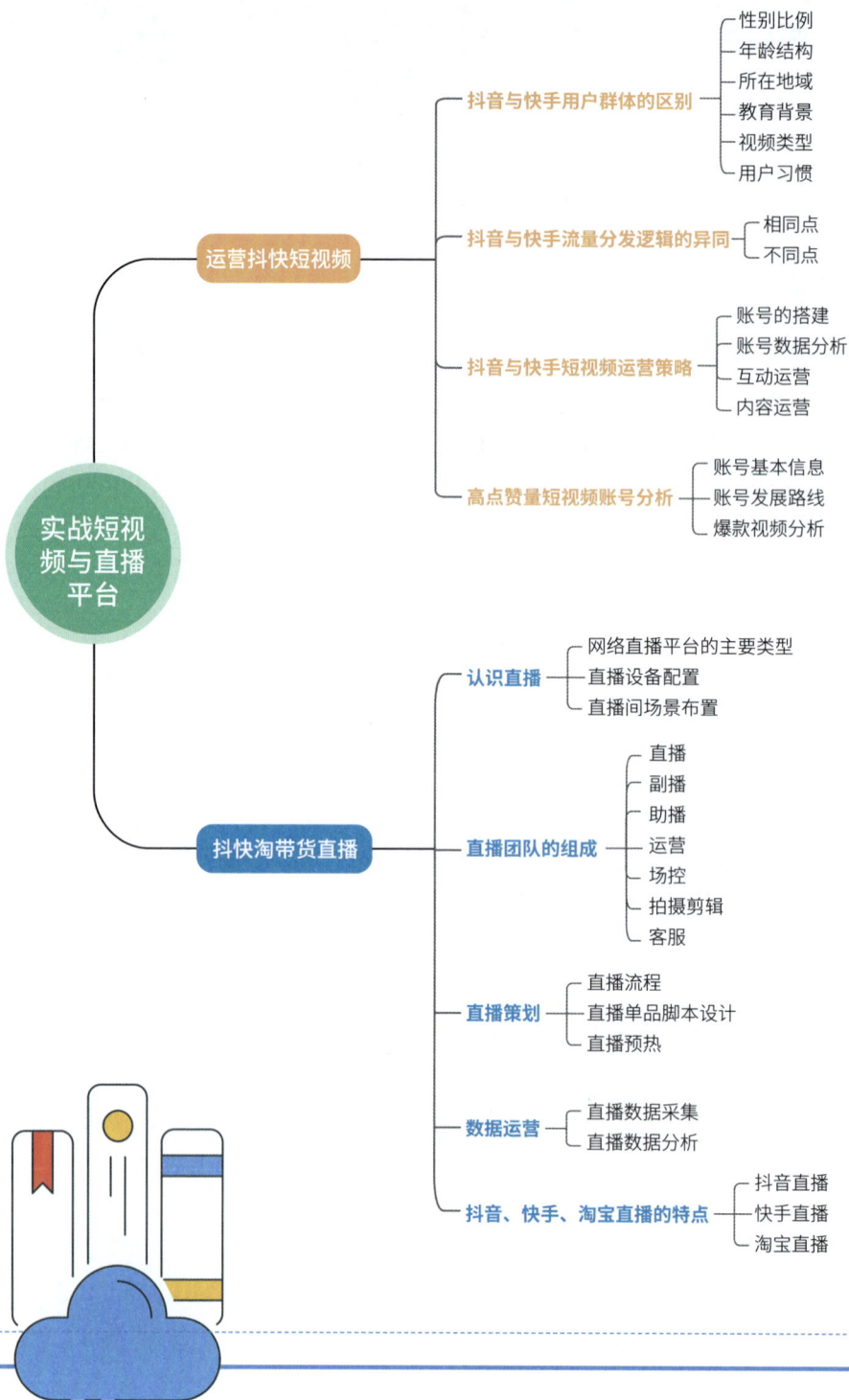

思维导图

实战短视频与直播平台

运营抖快短视频

抖音与快手用户群体的区别
- 性别比例
- 年龄结构
- 所在地域
- 教育背景
- 视频类型
- 用户习惯

抖音与快手流量分发逻辑的异同
- 相同点
- 不同点

抖音与快手短视频运营策略
- 账号的搭建
- 账号数据分析
- 互动运营
- 内容运营

高点赞量短视频账号分析
- 账号基本信息
- 账号发展路线
- 爆款视频分析

抖快淘带货直播

认识直播
- 网络直播平台的主要类型
- 直播设备配置
- 直播间场景布置

直播团队的组成
- 直播
- 副播
- 助播
- 运营
- 场控
- 拍摄剪辑
- 客服

直播策划
- 直播流程
- 直播单品脚本设计
- 直播预热

数据运营
- 直播数据采集
- 直播数据分析

抖音、快手、淘宝直播的特点
- 抖音直播
- 快手直播
- 淘宝直播

任务一　运营抖快短视频

案例导入

某乳品企业的新品酸奶在抖音发布 #我才是好喝表情帝# 挑战，用"表情"秀"好喝"，颠覆固有营销模式，以低门槛"表情演绎"作为互动内容载体，首日参与频率 4 人/秒，精准锁定年轻群体追求个性、喜欢社交、乐于分享的需求。抖音优质达人作为此次营销的主要创意输出，通过他们自身的影响力进行推广。用年轻人的方式和年轻人沟通，意见领袖的段子内容成功成为示例，引发巨大的影响。趣味贴纸，巧妙形成表情包，引发抖音普通用户争相参与，视频总播放量高达 10.2 亿次，3 400 万点赞量，190 万评论，超过 88.6 万次分享，活动贴纸使用量超过 13.9 万次。

任务描述

通过本任务的学习，了解如何运用抖音、快手平台做好品牌营销，如何优化短视频的内容开展品牌营销。

知识讲解

一、抖音与快手用户群体的区别

抖音与快手是同类型的音乐创意短视频社交软件，通过对两个平台的用户群体进行对比，可以更深入地了解两个平台的规则和特点。

1. 性别比例

抖音的女性用户比例在 60% 以上，而快手的男性用户比例在 50% 以上，其短视频内容与抖音相比更为"粗犷"一些，短视频中通常有"老铁"这样的称呼，从而吸引更多的男性观众。

2. 年龄结构

抖音用户中 20~30 岁的人较多，快手用户中 25~30 岁的人群占比比抖音高。如果说用"潮流""年轻"形容抖音的受众用户的话，那么"接地气""有趣"便是快手受众用户的代名词。

3. 所在地域

抖音平台上，一二线城市及南方地区用户的黏度较高，并逐步覆盖下沉区域。快手平台上，三四线城市用户的黏度较高。

4. 教育背景

快手用户中本科以上学历用户的占比比抖音少，总体来说，抖音用户的学历比快手用户的学历更高。

5. 视频类型

抖音平台上的短视频以娱乐、搞笑、剧情、影视等内容为主，快手平台上的短视频以生活、搞笑、日常分享等内容为主。

6. 用户习惯

抖音用户喜欢浏览推荐页，快手用户喜欢浏览关注页。抖音用户在点赞和评论区互动的频率高于快手用户。

二、抖音与快手流量分发逻辑的异同

短视频的审查分发流程如图 6-1 所示。

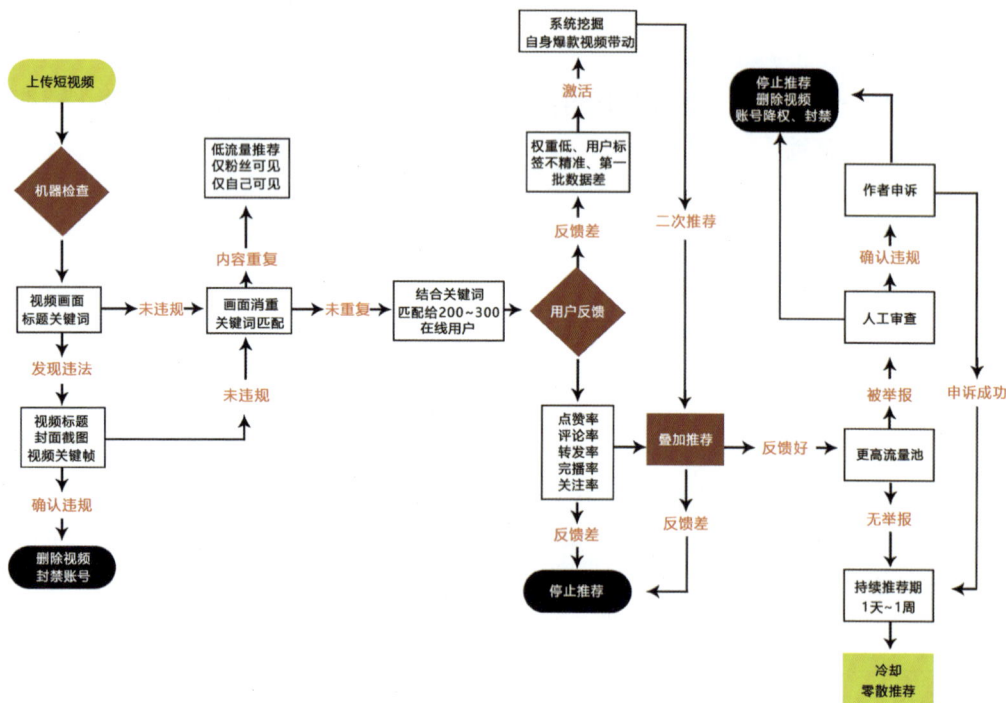

图 6-1　短视频的审查分发流程

1. 相同点

（1）去中心化算法

让每一个短视频内容创作者都有和头部账号公平竞争的机会。

（2）双重审核

①机器审核。当新作品上传至抖音或快手平台后，系统自动对视频画面、标题关键词进行识别，还会将新作品与现有视频进行匹配消重。如判定视频画面内容的重复度过高，则会降低对作品的推荐度，甚至是降权推荐。

②人工审核。当视频达到 10~15 万的播放量，或者视频被用户举报，视频创作者申述后，将会人工重新审核那些被标记的违规点，同时还会集中对作品的标题、封面、关

键帧进行检测。如确认违规，会对账号做出视频下架、账号封禁等不同程度的处罚。

（3）冷启动

对于每一个新发布的作品，抖音都会给到一个基础的流量池，一般是 200~300 个用户浏览。系统会根据这 200~300 个用户的反馈（关注、评论、点赞、转发、完播）来判断是否要将视频推送到下一个更高级别的流量池中。

系统判断的权重排序依次是作品完播率、点赞率、评论率、转发率。

（4）叠加推荐

用户数据反馈差，系统会立即停止对视频的推荐；用户数据反馈好，系统就会推送给更多用户。如此反复，好的内容会不断获得推荐。

如果视频没有被举报，那么视频的持续推荐期维持在 1 天至 1 周 (推荐期的长短仍然由用户反馈数据决定)，直到流量触顶。

视频若被举报，视频作者拥有申诉的权利，申诉成功的话，视频依然会进入 1 天至 1 周的持续推荐期，直至流量触顶。

2. 不同点

跟抖音不同的是快手对作品进行审核通过后系统会取兴趣标识，分配到"关注页面"与"同城页面"同时展示。快手推荐还受社交因素的影响，即用户的作品会有很大概率推荐给已关注该账号的用户。

🔊 友情提示

视频播放量低的误区：

- 视频播放量低，可能是视频本身质量低或者互动数据太差；
- 视频播放量为 0 不是被限流，可能是视频在审核中；
- 如果视频播放量不高，建议不要删除，而是将权限设置为私密，仅自己可见。

三、抖音与快手短视频运营策略

1. 账号的搭建

（1）账号名称设置

账号可以根据风格和领域命名，命名的 5 种方式如下：

- 人物名称，人物 IP 感较强；
- 人物名称＋称呼，人物亲和力较高；
- 人物名称＋领域，人物行业性较强；
- 人物名称＋行为，人物形象更加生动；
- 人物名称＋感受，人物情感形象鲜明。

账号名称要与头像、描述、人物性格特征保持一致，有 3 点注意事项：

- 名称要简单，3~8 个字符最宜；

- 名称可修改，不要过分纠结独特性；
- 好名字可以经过多次修改而成。

（2）账号头像设置

在设置账号头像时，有3点注意事项：

- 应选用人物特写或人物中景，让用户记住人物形象；
- 人物头像最好带有情绪，可以加强用户记忆，如微笑和沉思等；
- 头像最好和账号名称呼应，可以强化用户记忆。

（3）账号简介设置

在撰写账号简介时，需要体现3点：

- 你是谁：让别人知道你是谁，展现自己的优势、资质、阅历和专业性；
- 你能做什么：你可以为我带来什么，是知识、咨询、情感分享，还是优惠；
- 怎样才能找到你：通过什么渠道能找到你，地址、门店、电话等。

2. 账号数据分析

在短视频平台的计算机端后台可以查询数据总览、作品数据、粉丝画像和创作周报。

（1）播放数据

可查看昨日播放总量，7天、15天和30天的播放量曲线图。如果视频播放量曲线整体呈上升趋势，则证明目前视频内容及形式符合部分观众的需求。反之，视频质量及视频内容的呈现方式需要优化。

（2）互动数据

可查看昨日、7天、15天或者30天的主页访问数、视频点赞数、视频评论数及视频分享数。视频点赞数、视频分享数等互动数据相比播放量能更加迅速地反映观众的喜好。

（3）粉丝数据

可查看总粉丝数及昨日、7天、15天、30天的新增粉丝数。总粉丝数与新增粉丝数都能反映出视频内容是否符合观众的胃口。如果新增粉丝数逐渐下降，就证明内容对观众的吸引力正在下降。

建议利用第三方数据平台，学习相关领域头部账号，优化视频质量。飞瓜数据、抖查查、蝉妈妈数据等数据查询网站可以查看不同行业短视频的排行数据，试试查看当前最热门的视频，紧跟潮流热点。

3. 互动运营

快手评论区输入框的引导文字是"发条有爱的评论"，抖音评论区输入框的引导文字是"留下你的精彩评论吧"，均引导用户给出积极正面留言。其中评论数据所占的互动率的权重是最大的，提高评论互动率，引导用户参与评论，从而提高视频在正向维度的数值，成功冲击下一个流量池，是短视频创作者开展互动运营的有效方法。给用户留个槽点或者话题，可以调动其在评论区留言的积极性。

互动运营评论区的方法如下：

①在自己的作品下，评论符合账号人设，回复的时候多用博主的口气去回复。

②视频发布后的前半小时的留言回复尤为重要，首先要及时回复粉丝，然后置顶评

论，可以是一个热门话题，可以是经典名句，也可以是课代表总结，或者跟粉丝互动的有趣内容。

③视频发布以后要注意查看评论，至少回复 30 条有意思的评论，回复不能全部是一个表情包或者同一句话。

④视频文案中没有描述完的内容、作品中存在疑惑或争议的地方，通过评论进行引导回复。切记不能和粉丝互怼，评论和私信都要尊重和维护粉丝。

⑤随机注意评论区，及时并谨慎地删除和拉黑恶意留意。

4. 内容运营

（1）封面与标题

快手比抖音更看重封面和标题，在首页视频有单独的"入口"，用户会点击有吸引力的封面和标题。在封面的选择上，快手平台可以选择最具戏剧性或者最吸引眼球的那一帧画面，再配上一句煽动性的文字，视频的点击率会提升，而抖音作为瀑布流（一种网页布局形式，也称图片墙、分享墙，其源源不断的图片下拉方式，将飞流直下三千尺的概念运用到移动端布局设计上，让用户更轻松自由地浏览信息）的社交平台，封面不重要，能不能留住用户继续观看，主要看前 5 秒内容有没有冲突点，因此视频开头的剪辑质量更重要。

（2）风格

抖音和快手，一个是精致的台上表演，一个是平凡的街边才艺。抖音的音乐很潮，拍摄的场景和内容一般都是精心准备过的，快手则较为简单，录制门槛低，体现了其去中心化的理念。抖音的平台广告语是"记录美好生活"，旨在让用户分享和看到美好的、高质量的东西，这就意味着抖音必须是一款中心化的产品，所以其会着重推荐优质的流量，普通的制作者很难获得大力推荐。快手的广告语是"记录世界，记录你"，旨在让每个普通人都有展示自己的舞台，不会着重推荐头部流量。

（3）抓住平台爆款或热点

制作关于热点话题的内容会迅速吸引大量用户，提高短视频的播放量，但热点的借用方法还要根据自身擅长的领域和特点进行选择。可以从今日头条中的"头条热榜"、百度搜索风云榜中的"实时热点"、微博搜索栏中的"热搜榜"中寻找热点。

四、高点赞量短视频账号分析

以一个抖音账号为例，该账号的视频为美食与剧情的结合后制作的搞笑内容，其传播速度会非常快。因为绝大部分观众都乐于分享能为别人带来快乐的视频。设计一个最有可能引人发笑的场景，并通过很短的时间将这个笑点充分表现出来，不但有利用突出视频中的美食，还可以让笑点来得更突然，让用户更惊喜。

微课

高点赞量
视频分析

1. 账号基本信息

- 粉丝量：456.2 万。
- 作品数：196 个（其中 20 万点赞量以上的爆款视频：84 个，50 万点赞量以上的爆款视频：31 个，100 万点赞量以上的爆款视频：9 个）。

- 人设特点：美食教程 / 美食偷吃 / 搞笑 / 社交牛逼症 / 干饭人。
- 账号调性：从美食教程、美食偷吃转型独创的探店模式——"搞怪整蛊"店家，采用代入感强的第一视觉拍摄，"搞怪＋沙雕"连续剧剧情保证粉丝的长期关注，打造"干饭人"形象，形成专属人设画外音＋搞怪表情包＋IP人设的内心活动及潜台词的形式，强化内容传播力。
- 粉丝定位：女性占比 63.15%，年龄以 18~23 岁为主。

2. 账号发展路线

（1）早期

2020 年 1 月 22 日：开始发布作品，当时是内容形势的效果大于内容本身的效果，通过在宿舍场景营造出偷吃的氛围，从而以一个新的内容呈现形式，增加用户的共鸣。

（2）中期

- 2020 年 11 月 18 日：开始转型做探店视频，第一条爆款视频，当天获 20 万点赞，主要内容是在买煎饼的过程中，通过开头铺垫"什么都能加吗"做引导，然后在制作过程中不经意间拿出自己带的超大火腿肠和大葱，和原来煎饼摊上的食材形成巨大的反差，老板也被这种真实互动所震惊，一下子不知所措，露出的表情冲击了用户的感官，让用户感觉老板被"整蛊"了。
- 2021 年 4 月 29 日：20 万播放量的鸳鸯锅奶茶作为该阶段标志性短视频。当自带食材系列的短视频进入了瓶颈期，早期探店系列视频中的一则自带饮水桶盛装奶茶的短视频受到用户青睐，其原因正是视频创作者使用非常规的盛装容器，加之自制的奶茶，店员看到容器的反应，路人看到不一样容器奶茶的反应，提升了短视频用户的互动评论率，甚至想到店里购买。略微改变真实生活中的行为逻辑，增加短视频用户的新奇感，突显了视频创作者"干饭人"的人设特点。

（3）后期

- 2021 年 8 月 2 日：当短视频用户对视频中外型各异的容器道具产生了审美疲劳后，短视频的播放和互动数据再次进入了瓶颈期。视频创作者在评论信息中发现关于店员外形的积极性评论较多，在新的视频内容中增加了视频主人公阿豪和店员的趣味互动，突出阿豪的另外一个人设特点，提高了用户关注该账号短视频的兴趣。

3. 爆款视频分析

①标题文案：老板为什么看见我就要跑路？？ ＃美食趣胃计划 ＃煎饼 ＃沙雕 ＃抖音美食。

②封面：如图 6-2 所示。

③内容分析：

- 视频 1 到 2 秒：用字幕表达视频的整体基调，"浑然不知的老板"体现出了视频主角为主动，而画面中的老板为被动，第一人称加近了用户与视频创作者的距离，用户对短视频主角有代入感。

微课

打造高播放量视频的五大指标

置顶

♡ 192.5w

图 6-2 封面

- 第 3 秒的镜头是一个运动镜头，使用表情包来代表短视频主角现在的状态，在音频中添加一种"邪恶"的笑声，表示主角"不怀好意"，让用户对接下来的镜头产生一种心理预期，并且用户为了验证自己的心理预期，会出现"黄金 5 秒"的停留时间。

- 第 8 秒的时候，老板看见主角便开始回避，给用户留下悬念，让关注的用户产生符合心理预期的感觉，让未关注的用户产生悬念加长自己的观看时长，这种方式既提高了粉丝的活跃度和黏性，也延长了未关注用户的观看时长，这就是本短视频的亮点之一（一般只对系列视频或者影响力大的博主有效）。

- 第 22 秒的时候，视频剪辑采用的是加速视频并且抽帧卡点，这种方式可以有效提高视频的节奏，让视频的内容更加紧实，使用户的观感上升。

- 第 26 秒的时候，主角拿出一个巨大的鸵鸟蛋，大幅度超过了用户的心理预期，配合老板的惊讶表情，也从心理层面上暗示了用户此时观看短视频的表情（惊讶）。

- 第 34 秒的时候，老板的拒绝是符合用户心理预期的，这是为了文案的真实性做出的退让，如果老板坦然接受，那么用户就会认为戏剧性很强，会影响评论区的风评，也会降低完播率，虽然这样的设计增加了视频时长，影响了内容的紧凑性，但是加强了真实性。

- 第 41 秒的时候，主角给出了一个表示"非常期待"的表情包，这个表情包给用户一个期待接下来画面的心理暗示，有效增加了观看时长。

- 第 46 秒的画面虽然完全符合观众的心理预期，但是主角依然给出了一个"惊讶"的表情，这也是一种心理暗示。

- 在结尾的时候，主角给出了下次再见的悬念，表示作品并没有彻底结束，且强调了这个作品是系列作品中的一个，巧妙引导用户关注该短视频账号。

总结：这个作品对时长的把握恰到好处，无论是内容还是节目效果都十分到位，在真实性上面让观众不会往剧本方向想，但是视频有个缺点，背景音乐没有添加，纯靠人声和对话会让视频失去活性和背景关联，好的音乐更能体现出此时环境和情节的状况，视频长期不配音乐会使粉丝活跃度降低。

💬 思政园地

借助抖音、快手等短视频平台，一批新老网红城市在线上"圈粉"无数。从"8D 魔幻"的重庆、网红美食众多的长沙，到因烧烤"爆红"的淄博等，不少城市凭借自身特色吸引各地游客前去"打卡"。如何从"网红"到"长红"、将"流量"变"留量"，把线上人气转化成发展动力，塑造真正的城市竞争力，成为社会关注的话题。

🔊 任务实施

学生实训工作单

【工作情境】

随着短视频在国内越来越受欢迎，公司决定加大短视频平台的推广力度。小美所在团队需要在公司的多个短视频平台账号中持续输出原创的内容，进行品牌推广，树立品牌形象。

【工作任务书】

工作任务	运营抖快短视频
工单描述	以"开学好物"创建选题，连续一周发布至少3次短视频，打造具有文具类独特标签的抖音账号
任务目标	目的是通过对文具的介绍，调动用户对文具的兴趣，进而购买相关文具
任务要求	目标用户：以12~22岁学生群体为目标用户； 选题方向：以盘点好看实用的学习用品为主
工作步骤	①明确选品并搜集素材根据短视频的选题从各渠道进行选品，下载产品高清图片和视频素材； ②创设标题：根据产品关键词，撰写话题标题； ③撰写脚本：调研开学好物的产品价值，用户需求、痛点和使用场景，撰写相应的短视频脚本； ④制作短视频封面：根据工单要求制作短视频封面； ⑤发布短视频：按短视频发布步骤正确发布短视频； ⑥维护短视频：能根据评论和访问量了解用户需求和痛点，并改进下一个短视频
素材来源	小红书/百度/微博/抖音/快手/淘宝
工作难度	□简单　☑一般　□偏难　□困难
注意事项	①禁止出现任何形式的水印； ②不要投机取巧，不要盗用他人作品，要保证短视频的原创性； ③选题避免选择敏感、负面或风险较高的内容； ④画面质量高，能够有效展示产品特点
评价标准	□是否能选择正确的选题 □是否能创建有吸引力的标题 □是否能创建吸睛的短视频封面 □笔记内容是否调动了目标群体的兴趣 □是否按短视频发布步骤正确发布短视频 □是否能根据评论了解用户需求和痛点，并进行下一轮改进 □是否创设了独特的标签

【工作任务相关知识与技能】

抖音短视频发布流程

①打开抖音 App，点击页面下方的"+"选项，自动跳转到"相册"界面。

②在相册界面选择需要发布的短视频，还可以给短视频添加背景音乐、文字、贴纸、特效、滤镜、自动字幕、画质增强等内容。在"视频"界面点击右下角的"下一步"，就会进入抖音短视频的发布页面。

③在界面中填写"标题"，标题中可适当添加话题，使标题更加生动具有吸引力，@（提醒）朋友来观看，让关注你的人和你关注的人第一时间看到，以此来提升视频播放量。

④可以点击下方的"添加地点"，编辑发送短视频的地址，标记位置可以让更多人看到。

⑤全部编辑完成后，点击"发布"即可。

任务二 抖快淘带货直播

案例导入

2021 年 7 月 21 日，某运动服饰企业为河南水灾捐赠价值 5 000 万的物资，因微博评论区一句心酸又好笑的评论（感觉你都要倒闭了还捐了这么多）登上热搜，火遍全网。后面的几天时间网友近乎疯狂地涌入该企业的直播间，进行了一把"野性消费"。其在快手、淘宝、抖音等平台上的商品全部被抢购一空。短短几天时间，其网络直播间的销售额突破 1 亿元，总销量超 60 万件，累计观看人次达 1.48 亿次，总点赞数达 4.28 亿。该品牌的突然爆火，除了自身不遗余力捐款、援助灾区外，也离不开网络的推动力及直播的兴起。

任务描述

通过本任务的学习，在人人皆可直播的"全民直播时代"，了解带货直播营销的概念与策划思路，掌握具体方法和执行的细节。

知识讲解

一、认识直播

直播是指广播电视节目的后期合成、播出同时进行的播出方式。随着互联网的发展，直播的概念有了新的延展，直播越来越多基于互联网为载体。自此，直播的含义更倾向于网络直播。网络直播是指用户在 PC 端或移动端安装直播软件后，利用摄像头对某个事物、事件或场景进行实时记录，并在直播平台实时呈现，同时用户可以在直播平台直接观看与实时互动。

1. 网络直播平台的主要类型

(1) 综合类直播平台

综合类直播平台是指包含户外、生活、娱乐、教育等多种直播类目的平台，用户在这类平台上可以观看的内容较多。这类直播平台涵盖的内容比较丰富，受众群体较大。目前，具有代表性的综合类直播平台有斗鱼、虎牙、YY直播、花椒直播、一直播、映客等。

(2) 电商类直播平台

电商类直播平台是为商家和用户提供商品买卖渠道的平台。这类平台具有较强的营销性质，在电商类直播平台上，商家可以通过直播的形式与用户互动，以较低的成本吸引用户关注自己的商品并产生交易，用户在这些平台上观看直播的主要目的也是购买商品。目前，具有代表性的电商类直播平台有淘宝直播、京东直播、拼多多直播等。

(3) 短视频类直播平台

短视频类直播平台以输出短视频为主，但随着直播形式的发展，很多短视频平台也开通了直播功能，用户在这些平台上不仅可以发布自己创作的短视频内容，还能通过直播展示才艺、销售商品。目前，具有代表性的短视频类直播平台有抖音、快手、美拍、西瓜视频等。

(4) 教育类直播平台

教育类直播平台支持知识分享者采取视频直播或语音直播形式与用户分享知识，在直播过程中，知识分享者可以与用户进行实时互动，针对用户提出的一些问题进行在线解答。目前，具有代表性的教育类直播平台有网易云课堂、荔枝微课、千聊、小鹅通等。

2. 直播设备配置

- 手机：内存充足，摄像头清晰，性能良好。
- 计算机：建议处理器不低于 Intel i5 系列，最好是 Intel i7 及以上系列。
- 摄像头：建议摄像头的分辨率在 1 080 P 以上，最好能支持 4 K 分辨率。
- 支架：建议选用三角支架，方便后续手机数据线的连接。
- 麦克风：动圈麦克风适用于大型直播现场或户外直播等场地较大的环境；电容麦克风适用于室内直播间。
- 声卡：提供丰富的伴奏和特效声音，可以活跃直播间气氛。
- 灯光：主要有补光灯和灯箱，提升直播间的光照效果。
- 网络：建议尽量使用带宽在 100 Mbps 以上的网络，保证直播时的流畅性。

3. 直播间场景布置

(1) 直播背景

- 虚拟背景：使用 LED 屏、电视、墙纸等道具，背景内容可包含直播主题、直播促销活动、产品卖点等。
- 货架背景：展示完整产品的货架，需要保持陈列商品的整齐性及色彩平衡。
- 具体场景：选择不同风格的场景，如消费场景、运动场景、娱乐休闲场景，有利于拉进消费者与企业的距离。

（2）直播间布光

- 主光：正对主播的脸部，让主播的脸部均匀受光，使面部肌肤显得柔和、白皙。主光与直播摄像头上的镜头光轴形成 0°~15°的夹角。
- 辅助光：突出主播的脸部轮廓，使之具有立体感，从主播左前方或右前方 45°方向照射。
- 轮廓光：又称逆光，勾勒出主播的轮廓，将其从直播背景中分离出来，从而使主播的形象更加突出，一般放置在主播的身后。
- 顶光：能让主播的颧骨、下巴、鼻子等部位的阴影拉长，强化主播的瘦脸效果，一般放置在主播的头顶，距头顶不超过 2 米。
- 背景光：又称环境光，烘托主体或渲染气氛，放置在背景墙前方。

二、直播团队的组成

- 主播：负责活动介绍、产品介绍、统筹全场、粉丝互动。
- 副播：负责带动气氛、介绍促销活动、提醒活动、卖点提醒、引导关注。
- 助播：负责实时了解销售额、订单数，并提醒主播，辅助主播介绍产品特点，同时协助主播与粉丝互动。
- 运营：负责直播运营、推广，流量投放，直播间进人，拉数据、掌控全盘节奏等。
- 场控：负责产品改价，库存核对，活动优惠设置，店铺后台设置，主播讲解配合，及时操作电脑端直播后台。
- 拍摄剪辑：负责直播前播放视频的拍摄及剪辑工作。
- 客服：负责直播过程中产品解答、售前咨询、解决售后问题等。

三、直播策划

1. 直播流程（以 30 分钟为例）

① 0~5 分钟，拉家常、聊八卦，拉近与用户的距离；对产品的产地、历史、口碑、销量等数据进行介绍，以吸引眼球。先不用说具体的产品，以引起用户的好奇心和聚集人群。这个时间段是负责预热，密集预热高潮点，高潮点的密集和集中度将影响直播的生动性和可信度。当然也要在聊的过程中加进产品信息。

② 5~7 分钟，宣布一个重大的福利，如邀请榜，以用户邀请新进入直播间的总人数排名次，给排在前三名的用户发现金红包等。这个时间如果能留住用户，那么中部直播间的人气自然就会越积越多。而且这些福利要在整个直播过程当中，见缝插针地给观众反复地讲。

③ 7~12 分钟，强调产品的一些功能属性，尤其是把以前使用产品的案例拿出来给用户分享。现身说法可以通过图片的形式，也可以把用过产品的用户请到直播间来给大家讲。这个时间段基本上是通过反复的介绍加上产品用户现身说法，来起到一种锁客的作用。

④ 12~16 分钟，拿出产品的一些证书，如三证、获奖证书等资料。要注重说服用户，

微课

主播销售话术

把产品的差异化优势给描述出来，形成竞品所没有的独特优势。

⑤ 16~27 分钟，就是出单了，一定要把产品的性价比、独特的优势营造出来。

⑥ 27~30 分钟，进行相对的饥饿营销，如拼团、秒杀都是可以实施的，将整个直播的气氛推到极高点。

2. 直播单品脚本设计

①产品的卖点和利益点。明确产品的核心竞争力，并在直播过程中多次强调，突出商品的实用性。

②视觉化的表达。营造一个使用场景，让观众产生画面感，更有利于宣传产品。

③品牌介绍。品牌是产品质量的保证，产品的销售数据、制作工艺和技术、品牌和产品的证书和荣誉，都会让观众产生信赖感。

④引导转化，打破观众的最后一道心理防线。如采用饥饿营销，限量 100 件，每件 99 元，之后恢复 168 元一件，然后在直播间倒数"3、2、1，抢！"，让观众来不及理性思考，担心抢不到，就下单了。

3. 直播预热

直播预热的宣传物料，主要包括预热文案、视频、海报、H5 等，物料根据直播具体内容来设计。直播预热的内容：包含直播时间、直播主题、直播内容、直播产品、直播福利 5 个部分。带货直播预热需体现出商品的折扣、优惠力度、奖品等福利信息，要对用户产生从感性带动理性消费的感染力。在感性阶段，不断通过诱导痛点等来吸引用户，给用户一个不得不买的理由，激发用户的购物欲；在理性阶段，切身关注消费者的利益点，增加情感营销，促成购买。直播预热海报的示例如图 6-3 所示。

图 6-3　直播预热海报

直播预热发布时机：大型直播需要提前 3~5 天发布直播预告，小型直播提前 1~3 小时发布直播预告。

直播预热的渠道：直播预热既可以利用直播平台自带的渠道引流，也可以利用各种传播渠道，如微博、微信群、朋友圈、微信公众号、QQ 群、QQ 空间、社区等，最大限度地吸引观众进入。

四、数据运营

1. 直播数据采集

- 观众人数：直播观众来源包括直播推荐、关注页、直播广场、视频推荐、同城、其他。通过观众人数可以分析哪个时间段的观众最多，什么样的话术和直播形式更受观众欢迎。
- 直播销售额：一场直播的销售金额，需要综合分析一段时期的数据走向，才能更真实地反应主播的直播带货能力。
- 评论人数：反映直播间互动情况，一场直播的评论互动率为评论人数和观众总数的比值。
- 打赏人数：打赏越多，表示主播的人气越高，同时获得的收入也就越高。
- 商品展示次数：商品展示给用户的次数，包括直播间内的弹窗（用户刚进入直播间的时候，右下角会弹出一个弹窗），用户点进购物车浏览到商品就算展示。
- 商品点击次数：用户实际点击商品的次数。
- 转化率：订单量和访问商品详情页次数的比值。
- 直播次数：一个时间段内开播的次数。
- 直播时长：一场直播持续的时长。
- 用户观看次数：用户总的观看次数。
- 观看时长：用户总的观看时长。
- 用户平均观看时长：平均每个用户停留在直播间的总时长，即直播中总观看时长 / 直播的观看人数。

2. 直播数据分析

（1）计算广告相关指标

判断直播间卖货对广告推广的依赖程度，广告销售比越高，直播间对广告推广的依赖越大，应深入分析投入产出比，降低投放成本。

- 广告投入产出比 = 广告推广带来的收益 / 广告推广投入的成本 ×100%。
- 广告销售比 = 广告带来的销售 / 直播间总销售额 ×100%。

（2）计算直播内容相关指标

判断直播间内容对用户的吸引力，观众停留时间越长，互动率越高，转粉率越高，说明直播内容的质量越高。

- 直播间观众停留时长 = 直播观看总时长 / 直播观看总人数。
- 直播互动率 = 评论人数 / 观看总人数 ×100%。

- 直播间转粉率 = 新增粉丝数 / 直播观看总人数 ×100%。

（3）计算直播销售相关指标

判断观众对直播间商品的购买意愿，商家可以根据整场直播的商品数据分析选品与人群定向，也可以通过转化率分析直播的销售效果。

- 客单价 = 整场直播销售额 / 直播成交订单数。
- 商品点击率 = 商品点击数 / 直播间人数 ×100%。
- 观众价值 = 整场直播销售额 / 观看总人数。
- 直播转化率 = 直播成交人数 / 直播观看总人数 ×100%。

（4）直播间流量推送逻辑

- 流量机制：每天抖音的流量是固定的，几十万主播开播，需要一套动态的指标体系，给不同直播间划分流量层级，供给不同额度的流量。
- 指标：包含互动数据指标（评论、点赞、关注、粉丝团、停留、购物车点击、商品详情页点击）、交易数据指标（GMV 成交额、UV 价值）、流量数据（场观、在线人数峰值）等。
- 直播间标签：基础标签（城市、性别、年龄）、偏好标签（喜欢看什么类型的直播）、交易标签（喜欢买什么，客单价是多少）。
- 系统判断的权重标准排序：用户停留时长 > 用户互动数据 > 成交转化 >UV 价值（平均每个直播间的用户产生的价值）。

五、抖音、快手、淘宝直播的特点

1. 抖音直播

抖音是以短视频为主打产品，并同时具有直播板块。因此在抖音上常用"短视频 + 直播"的带货方式。先通过短视频推广产品或者服务，一旦该条短视频的流量不错，就可以开始直播，并通过 DOU+ 引流，打造爆款。相对淘宝直播，虽然观看抖音直播的用户不是以购物为出发点，但通过短视频的推荐，可引起用户兴趣，并激发用户的购物意愿。

2. 快手直播

快手直播的优势在于用户年龄和地域范围覆盖面较广。性价比较高且受众广泛的商品或服务往往会热销。更多的中老年人使用快手观看短视频和直播，部分人群购买力较强。

3. 淘宝直播

淘宝直播依托海量的店铺和完善的购买流程，用户观看直播的购物目的相对抖音和快手较强。淘宝直播的出货量和转化率在三大平台中处于领先地位。

思政园地

进入新媒体时代，直播带货农产品已经不是新鲜事，各地政府工作人员、网红、村民纷纷加入直播大军。他们走进田间地头，以创新的直播方式、丰富多彩的载体、特色多样的形式帮助村民解决农副产品销售问题，实现村民增收致富，带动当地经济发展。

任务实施

学生实训工作单

【工作情境】

小美所在团队通过持续的短视频输出，为公司的短视频账号收获了不少粉丝。他们决定利用直播带货的方式，帮助品牌进行新产品的市场推广，使公司获取更多的新客户，提升公司和产品的曝光量。

【工作任务书】

工作任务	抖音带货直播
工单描述	以"开学好物"创建直播主题，策划一场 2 小时的直播，撰写直播脚本和直播策划，销售 10 种文具
任务目标	目的是通过直播介绍和推广，调动观众对文具的兴趣，进而在直播间购买相关文具
任务要求	目标用户：以 12~22 岁学生群体为目标用户； 选题方向：以推广好看实用的学习用品为主
工作步骤	①明确选品，并搜集素材：根据直播选题从各渠道进行选品，下载产品高清图片和视频素材； ②撰写直播脚本和策划：调研开学好物的产品价值，用户需求、痛点和使用场景，撰写相关产品的单品直播脚本，根据商品数量和特性、主题活动、促销活动、直播节奏，撰写整场直播的内容策划； ③搭建直播团队：根本工单要求进行团队搭建和任务分工； ④设置直播信息：撰写直播标题、直播内容，添加直播商品； ⑤开始直播：按直播开展步骤正确开始直播； ⑥互动配合促单：根据直播现场情况，依次对销售商品进行展示、讲解，营造真实感，并运用销售话术激发观众的购买意愿，引导观众下单，提升商品销售额
素材来源	小红书 / 百度 / 微博 / 抖音 / 快手 / 淘宝

工作难度	□简单　　□一般　　☑偏难　　□困难
注意事项	①需要给粉丝抛话题和回答话题，引导粉丝互动； ②增加直播间的人气； ③禁止在直播间展示二维码、微信 ID、QQ、手机号等，一旦被平台检测到，抖音直播间将被限制，账号将被封禁； ④遵守直播行为准则
评价标准	□是否能使用直播设备 □是否能布置直播间场景 □是否能搭建直播团队 □是否有明确的直播计划和促销活动 □直播单品脚本策划是否突出产品的基本属性、特色及卖点，是否描述了用户在使用产品时所处的环境、位置、时间、情绪 □是否能对直播观看数据和销售数据进行分析，并进行下一轮改进

【工作任务相关知识与技能】

抖音直播流程

①打开抖音 App，点击页面下方的"+"选项。

②进入后，将页面滑到"开直播"页面。

③在界面中将翻转、美颜滤镜调整好。

④在"显示位置"中打开定位，会有同城流量进直播间。

⑤选择"话题"，选择与直播内容相关的话题，尽可能选择参与人数多的话题；当粉丝数量有 1 000 时，就可以申请橱窗带货权限，拥有橱窗权限后，上架讲解橱窗的商品可在直播间售卖，所售卖商品要和本场展示的商品相关，否则容易被官方限流和封禁直播。

⑥全部编辑完成之后，点击"开始视频直播"即可。

总结与自我评估表

序号	检查事项	完成确认
1	是否已掌握抖音和快手平台的用户群体特征和流量分发逻辑	
2	是否已掌握直播的类型、设备配置、场景布置	
3	是否能分析账号数据，根据粉丝属性运营评论，跟进平台爆款或热点	
4	是否能策划直播流程和脚本，进行直播预热，采集和分析直播数据	
5	是否具有灵敏的市场嗅觉、洞察力和互联网思维	

项目检测

一、选择题

1. 对于每一个新发布的作品，抖音都会给到一个基础的流量池，一般是（　　）个用户浏览。

    A.100~200　　　　　B.200~300　　　　　C.300~400　　　　　D.400~500

2. 短视频的互动数据不包活（　　）。

    A. 账号关注数　　B. 视频点赞数　　C. 视频评论数　　　D. 视频分享数

3. 系统判断的权重标准依次是（　　）。

    A. 作品的点播率、点赞率、关注率、转发率

    B. 作品的点播率、关注率、转发率、评论率

    C. 作品的完播率、点赞率、评论率、转发率

    D. 作品的完播率、关注率、评论率、转发率

4. 下列关于直播间手机／电脑配置的说法中，不正确的是（　　）。

    A. 手机直播时，手机内存要足够充足

    B. 手机直播时，摄像头要足够清晰

    C. 电脑直播时，应保证光线充足

    D. 电脑直播时，建议处理器不低于 Intel i7

5. 下列选项中，关于直播话题选择的说法中，不正确的是（　　）。

    A. 不违反平台规则及公序良俗　　　　B. 不偏离直播主题、风格、营销产品

    C. 不追逐行业及产品的热门话题　　　D. 不选择具有较高认知门槛的话题

6. 短视频账号的命名方式有（　　）。（多选）

    A. 人物名称 + 称呼　　　　　　　　B. 人物名称 + 领域

    C. 人物名称 + 行为　　　　　　　　D. 人物名称 + 感受

7. 当视频达到 10~15 万的播放量，或者视频被用户举报，视频创作者申述后，将会人工重新审核那些被标记的违规点，同时还会集中对作品的（　　）进行检测。（多选）

    A. 标题　　　　　　　B. 标签　　　　　C. 封面　　　　　　　D. 关键帧

8. 以下关于各种光源类型常规位置描述正确的有（　　）。（多选）

    A. 主光源一般在主播的正面，与视频摄像头上的镜头光轴形成 0°~15° 的夹角

    B. 背景光一般在主播身后

    C. 轮廓光一般在背景墙前方

    D. 顶光一般在直播间顶部

9. 下列哪些属于直播预热宣传物料？（　　）（多选）

    A. 胸卡　　　　　　　B. 预热海报　　　C. 预热视频　　　　　D. 预热文案

10. 以直播总销售额作为数据分析的核心指标时，能够分解出下列哪些关键数据指标？（　　）（多选）

A. 直播间观看人数　　B. 客单价　　　C. 广告平均点击单价　D. 成交转化率

二、判断题

1. 冷启动阶段，系统将视频推送到下一个更高级别的流量池中，判断的权重标准依次是作品完播率、评论率、点赞率、转发率。　　　　　　　　　　　（　　）

2. 抖音是独特的"去中心化"运营平台，其特点是沉浸式的体验感，用户越喜欢看，平台越推送，反复如此，使用户沉浸其中。　　　　　　　　　　　（　　）

3. 抖音的短视频内容与快手相比更为"粗犷"一些，短视频中常有"老铁"这样的称呼，从而吸引更多的男性观众。　　　　　　　　　　　　　　　　（　　）

4. 制作关于热点话题的内容会迅速吸引大量用户，提高短视频的播放量，但热点的借用方法还要根据自身擅长的领域和特点进行选择。　　　　　　　　（　　）

5. 视频播放量低的原因只可能是视频被限流了。　　　　　　　　　　（　　）

6. 当直播活动规模小时，预热时间可长一些，便于活动期间引爆热度。（　　）

7. 指标数据中的广告销售比是可以通过后台直接获取的，不需要计算。（　　）

8. 助理需在直播前将待播品的规格、价格等核实清楚，避免直播过程中出现失误等情况。　　　　　　　　　　　　　　　　　　　　　　　　　　　　（　　）

9. 观众停留时间越短，互动率越高，转粉率越高，说明直播的内容质量越高。

（　　）

10. 淘宝商家在阿里创作平台注册达人后都能在淘宝平台进行直播。（　　）

三、简答题

1. 分析高点赞量短视频账号的特点。

2. 简述直播单品脚本设计的要点。

项目七
实战内容社区平台

【项目描述】

新媒体营销除了围绕微信公众号、微博、抖音这些比较主流的新媒体平台开展运营工作，还需要借助问题平台、"种草"平台等"非主流"的新媒体平台进行品牌宣传和推广，提升整体运营效果。知乎和小红书作为内容社区，经过多年的运营，积累了庞大的用户体量，从私域社区演变成移动互联网多领域的公域流量池。如果企业能运营好知乎和小红书，则可以给企业带来更多潜在的商机。

【项目目标】

知识目标

⭐ 了解知乎和小红书平台及用户特点；
⭐ 了解知乎和小红书平台的营销模式。

技能目标

⭐ 能筛选知乎问题，并创作优质回答；
⭐ 能根据小红书选题渠道，创建小红书笔记选题。

思政与素养目标

⭐ 培养热点捕捉能力及文字表达能力；
⭐ 严格遵守新媒体平台管理规范，强化社会责任感，积极传播网上正能量。

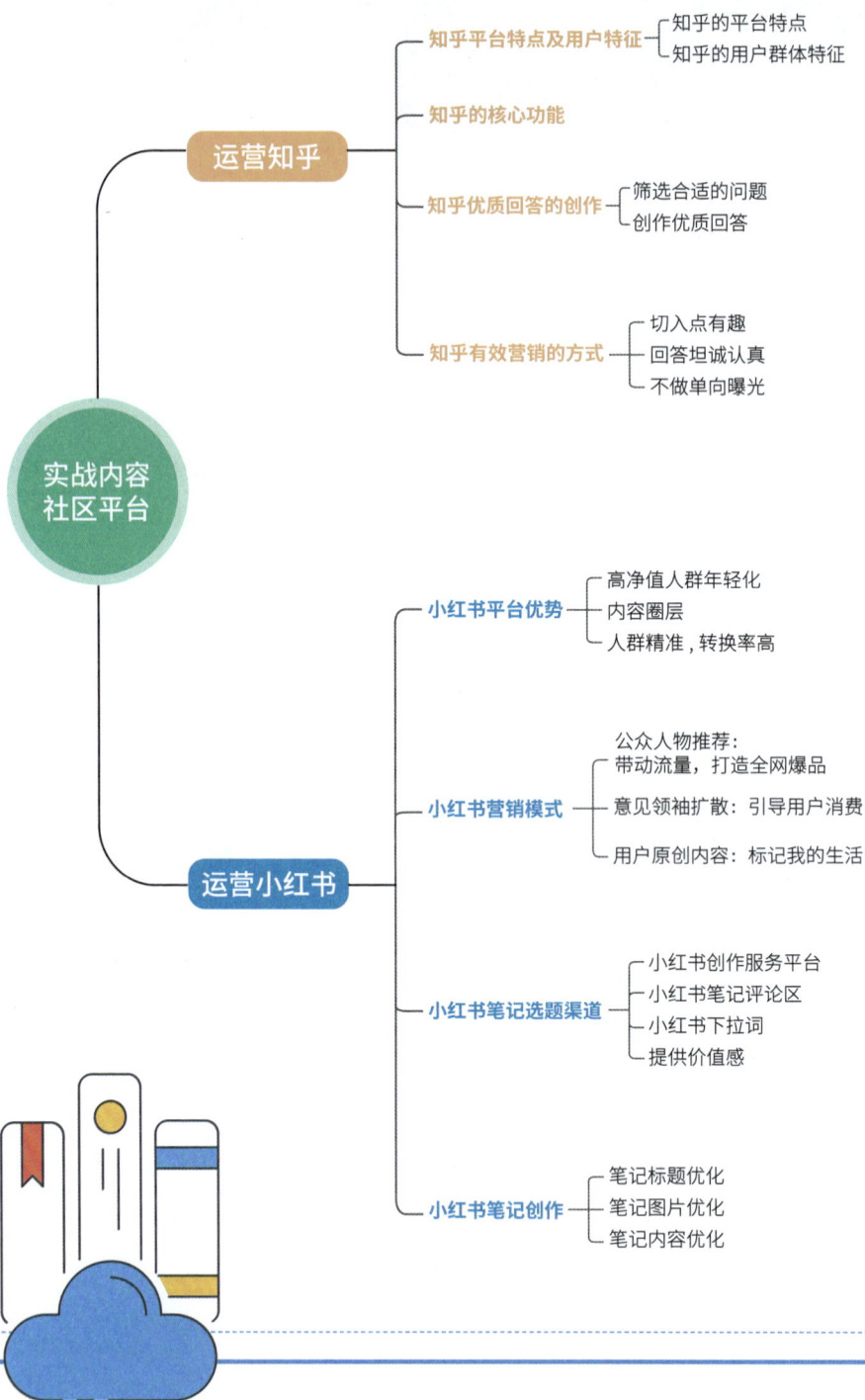

思 维 导 图

实战内容社区平台

运营知乎

- 知乎平台特点及用户特征
  - 知乎的平台特点
  - 知乎的用户群体特征
- 知乎的核心功能
- 知乎优质回答的创作
  - 筛选合适的问题
  - 创作优质回答
- 知乎有效营销的方式
  - 切入点有趣
  - 回答坦诚认真
  - 不做单向曝光

运营小红书

- 小红书平台优势
  - 高净值人群年轻化
  - 内容圈层
  - 人群精准，转换率高
- 小红书营销模式
  - 公众人物推荐：带动流量，打造全网爆品
  - 意见领袖扩散：引导用户消费
  - 用户原创内容：标记我的生活
- 小红书笔记选题渠道
  - 小红书创作服务平台
  - 小红书笔记评论区
  - 小红书下拉词
  - 提供价值感
- 小红书笔记创作
  - 笔记标题优化
  - 笔记图片优化
  - 笔记内容优化

任务一　运营知乎

案例导入

　　某剃须刀品牌定位年轻职场人，该人群的标签有自我要求高、追求完美、细节控、追求不凡等。该品牌在知乎社区发起了一个召集：如何用100字说一个"不凡背后"的故事？为了调动用户创作的积极性，优秀作品将有幸刊登在"知乎日报"中。"知乎日报"是一款独立资讯App，每天推荐热门的知乎问答，知友们以上日报为荣。

　　在这样的激励之下，品牌"不凡背后"共收集了600多篇UGC故事，在短短两三天就收获了60万的用户阅读量，评论和转发高达5000多条。品牌知名度进一步提高，当月销售量显著提高，并入选艾媒金榜发布的《2020年5月中国电动剃须刀品牌排行榜单TOP20》。

任务描述

　　通过本任务的学习，了解企业是如何运用知乎平台做好品牌营销，如何创作知乎优质回答开展品牌营销。

知识讲解

一、知乎平台特点及用户特征

1. 知乎的平台特点

　　知乎是一个中文互联网高质量问答社区和创作者聚集的原创内容平台，于2011年正式上线。该平台以问答业务为基础，经过十多年的发展，已经成为综合性内容平台，并建立了包括图文、音频、视频在内的多元媒介形式。该平台坐拥5000万注册用户，1300万日活跃用户，量级上比微博少一个零头，但它凝聚的是全国网民中文化程度较高的人群。

2. 知乎的用户群体特征

　　知乎用户多为成熟稳重的社会精英，家庭结构稳定，基本覆盖了全网高学历、高消费、高收入的新"三高"人群，是未来消费升级的主导人群。平台连接了各行各业的精英，通过在各个领域的知识分享，分享彼此的专业知识、经验、见解，为中文互联网源源不断地提供高质量的信息，获得强有力的个人品牌和社会认可度。对于用户而言，"上知乎"已经成为他们获取高价值信息的一个习惯方式。

　　根据百度指数数据，知乎主要用户的画像特点包括：19~35岁人群是知乎的主力人群，超过45%的知乎用户分布在一线及新一线城市，男性用户规模高于女性用户。

二、知乎的核心功能

　　知乎的主要定位是知识分享。提问与问答，是知乎最基础也是最核心的功能，是内容的发源地，也是维持用户活跃度的关键，它为有疑惑和有经验分享的人提供了一个桥

微课

找准"三高"用户精准营销

梁，一个平台。

在用户提出一个问题之后，知乎会向用户推荐可能会对此问题感兴趣的其他用户，用户可以邀请希望解答的用户来回答。这样一方面确保了提问后不会无人回答；同时，会鼓励其他用户积极回答问题，新回答可能会源源不断地产生。

三、知乎优质回答的创作

1. 筛选合适的问题

在知乎搜索问题，可以通过以下四点来确定到底选用哪个问题。

①查找问题关键词和自己产品的相关性，如图 7-1 所示。

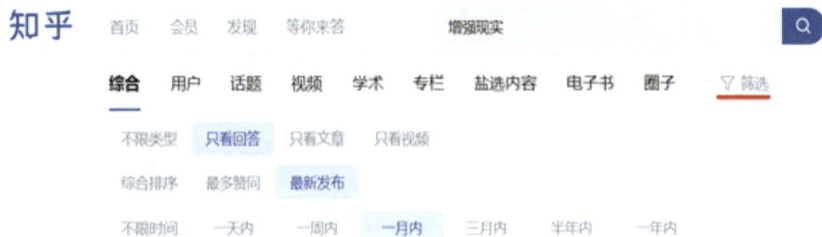

图 7-1　查找关键词

②查看问题的关注人数和浏览量，如图 7-2 所示。问题有足够的关注人数，其回答才有机会让更多人看到。

图 7-2　查看关注人数和浏览量

③查看高赞回答的更新时间，如图 7-3 所示。选择一个最新的问题来回答，另外也可以看看回答中最后的评论是什么时候留言的。

图 7-3　查看更新时间

④查看问题日记，如图 7-4 所示。主要查看该问题是否上过热榜、上热榜的次数。

如何提升自己为人处世的能力？

关注问题　　✏ 写回答　　👤 邀请回答　　👍 好问题 4192　　💬 25 条评论　　📤 分享　　…

2,644 个回答　　　　　　　　　　　　　　　　　　　　　按时　　　查看问题日志

图 7-4　查看问题日志

2. 创作优质回答

（1）根据自己的实际情况回答

根据自己平时工作中掌握的实际情况、擅长的领域，引用自身经历，创造信任场景。例如当你看到职场新人的心路历程，工作多年的你，是否也会回忆自己刚入职场的懵懂无知，心里会不会产生一种感同身受的感觉？这就是通过讲述自身经历，运用第一人称或者站在读者角度来营造故事氛围感，这种方式可以拉近与读者的距离，在不知不觉中将读者也代入到这个角色中，产生共鸣，示例如图 7-5 所示。

微课

创作优质
回答

知乎　　　　　　　　　　　　　　　　　　　　　　　　　　…　🖊

初入职场的我，你是否感同身受

花大喵
生活不止眼前的苟且　　　　　　　　　　　　　　　　　＋ 关注她

今年的六月份我开始了我的第一份工作。当时面试了两三份工作，后来，正好和我一届的同学在一家做电商的公司上班，她发了招聘消息在我们的毕业生群，我一看正好适合自己的专业，实习期的条件也还不错，我就来面试，也多亏这个同学的推荐，面试很容易就过了。我成为了这个公司的一名客服，主要负责和外国客户的对接。刚开始，说实话前面的一个月我很喜欢我的工作，真的就是别人说的，朝九晚六，上班就坐在办公室里吹空调，和周围的同事的关系也不错。但，懵懂的我觉得自己开始不喜欢这份工作了。

1.没有挑战，自己学不到东西

我每天的生活就是打开电脑，看是否有客户对我们的产品不满意，然后就是解释，解决问题，而大多数是十个人有九个人的问题是一样的，慢慢让我觉得自己就是个机器。坦白讲，工作就是一个学习的过程，尤其是对于初入职场的我们来说更重要，刚出校园，我们还拥有这足够的热情去学习。有的人可能会说，只要自己想学，哪里都可以。我只能说，在你入职后，你没有选择权，你只能去做上级让你做的事。然后我逐渐厌倦了这种生活，我宁愿忙一点，也最起码能让我学习一点东西，毕竟以后的职业和生活都会和现在的有联系。

图 7-5　根据自己的实际情况回答

（2）选用盘点型结构回答

就是列出 1，2，3…逐条内容，尤其适合输出知识内容的回答，看起来更清晰明了，示例如图 7-6 所示。

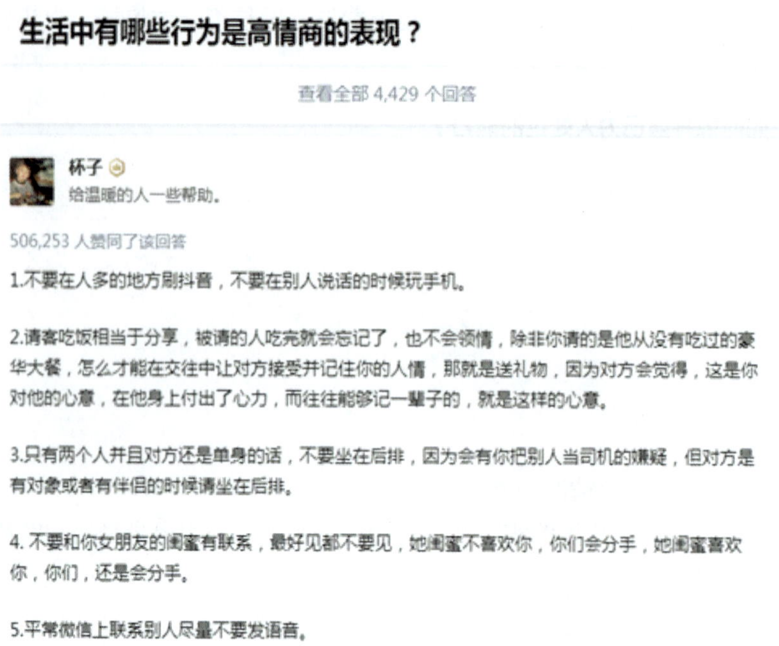
生活中有哪些行为是高情商的表现？

查看全部 4,429 个回答

杯子

给温暖的人一些帮助。

506,253 人赞同了该回答

1.不要在人多的地方刷抖音，不要在别人说话的时候玩手机。

2.请客吃饭相当于分享，被请的人吃完就会忘记了，也不会领情，除非你请的是他从没有吃过的豪华大餐，怎么才能在交往中让对方接受并记住你的人情，那就是送礼物，因为对方会觉得，这是你对他的心意，在他身上付出了心力，而往往能够记一辈子的，就是这样的心意。

3.只有两个人并且对方还是单身的话，不要坐在后排，因为会有你把别人当司机的嫌疑，但对方是有对象或者有伴侣的时候请坐在后排。

4. 不要和你女朋友的闺蜜有联系，最好见都不要见，她闺蜜不喜欢你，你们会分手，她闺蜜喜欢你，你们，还是会分手。

5.平常微信上联系别人尽量不要发语音。

图 7-6　选用盘点型结构回答

（3）回答开头要有吸引力

开头决定了读者是否阅读你的回答。

① 总述观点，使人一目了然。

如何使用“总述观点”的办法来开头呢？这里介绍三个技巧：

• 抓住重点要素：鲜明主张，明确个人态度，如回答“有哪些越早知道越好的人生经验”的一篇高赞文章中，开头就说“有些经验你越早知道，你就可以越早成长”，这种写法就是与文字标题呼应，直抓文章重点。

• 提炼文章精华：把文章的结论和亮点在开头就呈现给读者，如回答“你每天用来涨知识的 App 有哪些”的文章中，开头就说“推荐几个高质量涨知识 App，每个都是良心啊，上至天文，下到地理，你想要的知识这里都有哟”， 这就是在开头淋漓尽致地将文章精华展现给读者。

• 语言简短有力：简单的一句话或者一段话来概括你的文章内容，如在回答“如何让头大的女生变漂亮”的一篇高赞文章中，开头就说“这次主要说一说大脸妆容以及穿搭 tips，让你一键摆脱大脸变小脸”这就是简短又有力的概括文章内容的方法。

② 设置悬念，诱人深读。

一段没说完的话，可以吊足人的胃口，让人产生欲罢不能的心理。这种方式就是利用人们对事物的好奇心来集中用户的注意力，设置悬念，一步步引诱读者读完整篇文章。如在“人都是怎么废掉的”文章中，开头说“那些追求安稳的人最后为什么死了”？这种在文章开头就抛出问题，会让读者不得不想去解开这个谜团。

（4）正文多利用配图

纯文字的回答容易给人枯燥的感觉，配上图片就可以很好地解决这个问题，一方面图片可以丰富文字内容，增添层次感；另一方面也可以增加可读性，让读者聚焦关键信息，示例如图 7-7 所示。

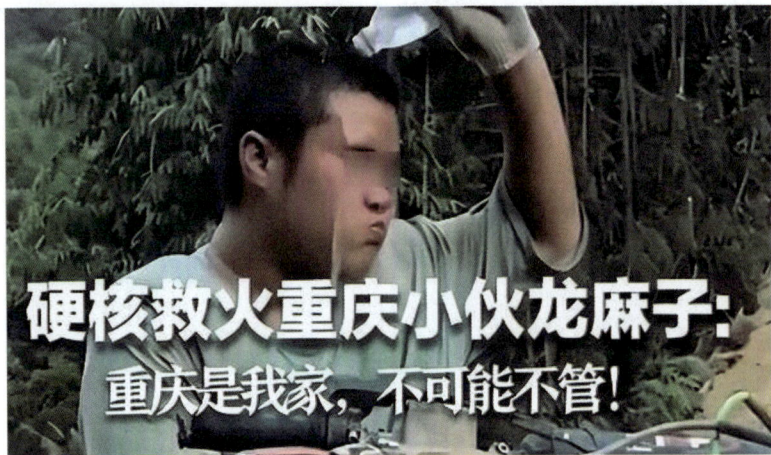

为什么澳大利亚山火烧了6个月，我们重庆山火8天就灭了？

硬核救火重庆小伙龙麻子：
重庆是我家，不可能不管！

图 7-7　正文配图

四、知乎有效营销的方式

1. 切入点有趣

了解知乎平台用户的心理和调性是打开话题的敲门砖，需要站在客户的角度去思考，去发现用户遇到了和最关心哪些问题。只有当商业广告的切入话题正中用户下怀时，双方才能愉快地开始聊天。

2. 回答坦诚认真

在知乎，知识性、专业性的内容更容易得到大家的认可。摒弃公关辞令和夸张用语，以真诚、坦诚、开放的态度，多讲述亲身体验、经历或见解，呈现更多事实和细节，弱化包装感，以和其他知友相同的形式来参与或发起话题，这样才会吸引更多的知友自发地了解更多与品牌相关的内容，不由自主地产生喜爱之情。

3. 不做单向曝光

知乎是一个有问有答的交互社区，重要的是双向的交流和深度信息沟通，而不是一般的单向曝光和关键信息传递。回答问题的时候，要和用户积极互动，语言风趣幽默，尽量能让用户再回复，依靠用户感兴趣的话题，建立联系，开展沟通交流，吸引更多的用户参与。

思政园地

知乎长期以来拥有“较真”的社区风格，这种风格鼓励深度内容、理性分析，使其用户对无底线的赚钱行为有天然的抵触心理。

我们应基于知乎平台的特点，以求真、追根、专业的精神树立品牌形象，确立正确的价值取向，融入正向、人文关怀的内容，秉承先利国利民再利己的经营之道，为社会和他人提供有价值的知识。

任务实施

学生实训工作单

【工作情境】

公司最近开发的时尚办公文具已经上市，小美的任务就是用知乎回答的方式进行好物推荐，提高品牌曝光率。

【工作任务书】

工作任务	运营知乎
工单描述	以“开学好物”为关键词筛选知乎问题，并创作回答
任务目标	通过对文具的相关介绍，传递产品价值，调动用户对文具的兴趣，进而购买相关文具
任务要求	目标用户：以都市白领群体为目标用户； 问题筛选：以产品关键词“办公文具”进行问题筛选
工作步骤	①筛选合适的问题； ②创作优质回答； ③建立双向交流
素材来源	知乎 / 微博 / 抖音 / 淘宝

工作难度	☐简单　☑一般　☐偏难　☐困难
注意事项	①准确筛选以"办公文具"为关键词的问题； ②回答中禁止出现任何形式的水印； ③回答积极健康，不要盗用他人回答，保证回答原创
评价标准	☐是否能筛选合适的问题 ☐是否根据自己的实际情况来回答 ☐是否选用盘点型结构来答题 ☐回答开头是否有吸引力，切入点是否有趣 ☐回答正文是否有合适的配图 ☐回答是否坦诚认真，是否与用户积极互动

【工作任务相关知识与技能】

在知乎回答问题

确定要回答的问题后，编辑自己的答案，单击"发布回答"，就完成了一个知乎回答，如图 7-8 所示。

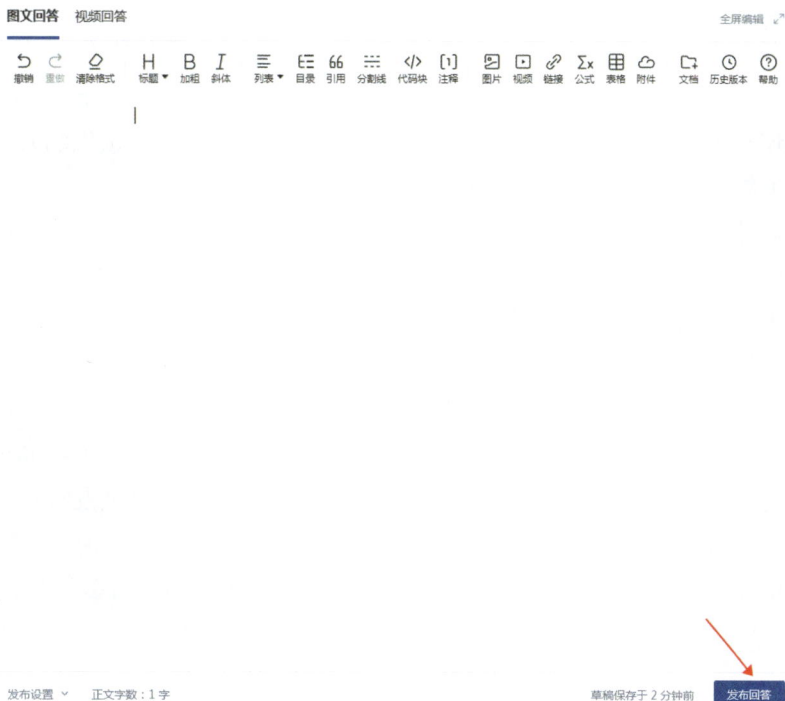

图 7-8　发布回答

任务二　运营小红书

📶 案例导入

某国货彩妆品牌成立于 2017 年，该品牌选择了小红书作为产品推广的主战场。官方自产的笔记将近 500 篇，疯狂吸粉近 200 万。在小红书的搜索框输入"某某日记"四个字，会出现 10 万 + 篇笔记。其中，大多数笔记来自普通用户的体验感受，消费者的良心"种草"推荐，以及生活场景的应用，大大增加了用户对品牌的信任，产生了共鸣。该品牌邀请了很多头部和腰部的 KOC（关键意见领袖）撰写原创笔记，对其产品进行测评、试色和对比，用自己的消费感受引导消费者购买产品。只用了三年的时间，品牌年销售额就做到了 30 亿元，最新一轮的估值已达到了 140 亿元。

📶 任务描述

通过本任务的学习，了解全民"种草"时代的小红书平台，掌握如何通过小红书进行品牌营销。

📶 知识讲解

1. 小红书平台优势

小红书是一个生活方式分享平台，更是一个口碑库。小红书的用户既是消费者，也是分享者，更是同行的好伙伴。小红书对比其他电商平台的优势主要有以下几点。

（1）高净值人群年轻化

小红书成立于 2013 年，活跃用户呈年轻化趋势，年龄主要集中在 18~34 岁，以女性用户为主，都市白领、职场精英女性是其主要用户群体，用户消费能力强、消费欲望强烈。对于年轻人来说，小红书已经不仅是一个电商平台，而是引领生活方式的综合性平台，小红书将用产品进一步改变新一代年轻人的生活方式。

（2）内容圈层

社交、资讯等平台的流量更多是"毫无购买动机"的泛粉，而小红书的作用相当于导购，用户都是"持币待购"的潜在顾客，所有年轻用户在这个平台上发现、分享全世界的好东西，是用户消费决策的重要入口。

（3）人群精准，转换率高

"看、买、用、分享"四位一体，用户可以发布视频、图片等内容或通过在评论区留言和关注与其他用户互动，用户之间的黏性和关联度很强。通过朋友推荐或平台"种草"，用户会增强对商品的信任，容易成交商品。这种模式相对于冰冷的语言广告来讲，用户体验度更高，具有高客单价、高转化率、高复购率和低退货率等多种优势。

2. 小红书营销模式

（1）公众人物推荐：带动流量，打造全网爆品

名人或行业专家入驻小红书，依靠公众人物的引流能力，打造品牌的知名度。名人

推荐是小红书的一大特点，而且在名人的小红书推荐笔记里并没有很多商业气息，更多的是偏向于个人化的推荐。这些个人使用的产品通过名人以图文、视频等形式的笔记推荐出来，增加了用户对商品的信任度，能有效转化为品牌的直接购买力。

（2）意见领袖扩散：引导用户消费

意见领袖一般指能影响自己的朋友、粉丝，产生消费行为的消费者。得益于去中心化的推荐机制，中小博主也有一定概率创造爆文，他们中的大多数分享有关保持美丽和生活方式的有用提示和有趣内容，这些意见领袖与品牌合作，通过发布测评笔记、"种草"笔记，用自己的消费感受引导其他消费者购买产品，受众在小红书这个社区中通过评论、私信等方式进行相互交流，建立起来一种网状的社交关系，使得受众与意见领袖之间和受众与受众之间等都有了联系，进而触发了广泛的网红经济。

（3）用户原创内容：标记我的生活

小红书中建立的正是一个以用户原创内容（UGC）为主的内容分享社区。在小红书中，无数普通人把这里当作是记录成长过程、分享美好事物、展示自己的平台，每天都有大量的用户分享自己的商品使用体验，也可以阅读他人分享的原创笔记。大多数笔记来自普通用户的体验感受，大大增加了用户对品牌的信任度。

3. 小红书笔记选题渠道

（1）小红书创作服务平台

"小红书创作服务平台"也是小红书官方热门话题，平台内有"本周热点"展示粉丝们近期最爱搜、最爱看的选题，助用户轻松找到热点趋势，参加官方热门话题都有活动奖励或者流量扶持，如图 7-9 所示。

图 7-9　平台中的"本周热点"

（2）小红书笔记评论区

小红书笔记评论就是很好的选题来源，用户肯留言就说明留言内容是他们的心声，作者在创作时就可以根据用户所表达的心声进行内容创作，也可以根据留言进行笔记改进，如图 7-10 所示。

图 7-10　平台的笔记评论区

如评论区有人提到："我缺的是拍照姿势吗？我缺的是这么完美的身材""我缺的是姿势吗？我缺的是会拍照的人"。以上用户的痛点是什么呢？是身材不好，拍照不好看；朋友或男朋友不会拍照。那么由痛点衍生的选题就可以是：显瘦穿搭、上镜显瘦、一个人也能拍出好看的照片、男朋友也能学会的拍照技巧等。

（3）小红书下拉词

在小红书首页的搜索栏里输入关键词，会出现很多相关话题，排名靠前的自然是搜索热度更高的话题。至于输入什么关键词，就看自己的笔记内容、涉及的相关产品，同时思考用户的日常习惯来确定。

如护肤博主，搜索"面膜"这个关键词，可以看到面膜这个关键词下足足有 346 万 + 篇笔记，再往下"面膜"延伸出了二十几种细分的关键词，这些都可以作为选题，如图 7-11 所示。

图 7-11　搜索关键词"面膜"

4. 提供价值感

用户看小红书，肯定是想收获有价值的内容。价值感分为"干货"价值和情感价值。

（1）"干货"价值

①内容颠覆用户以往的认知。

内容超出用户的认知范围，用户就会去想，为什么会这样？怎么会这样的呢？如何做到的呢？激发用户的兴趣，让用户产生兴趣，想要去探究查看笔记。

②深入浅出地给用户提供新知。

种种"干货"教学类话题，或激发用户好奇、契合用户兴趣，或切中用户痛点。如五官扁平的脸如何变立体、睡前五步瘦腿、帮助用户成长为更美好自己等知识型笔记最容易被热捧。

③提供给用户某个问题的解决方案。

现代人更加精明消费，人们的痛点已从"买不起"演进为"怕掉坑"。如产品使用前后效果对比、同品类不同品牌的产品评测合集、产品成分分析等，通过亲身体验总结的产品评测笔记往往更具说服力。

（2）情感价值

想一想，用户转发、收藏、分享笔记的动机是什么？可能是表达自己的观点，可能是利他心理，可能是站队心理，可能是寻求共鸣，也可能是塑造自己的形象。好的笔记选题往往可以传递出某种价值观，从而引起用户的情感共鸣。

5. 小红书笔记创作

（1）笔记标题优化

标题是获取小红书流量的重要入口，小红书笔记标题限制20字，14~18字为最佳，表情符号算2个字符。优化笔记标题需注意以下几点。

①标题圈中目标人群，针对受众群体直击用户痛点来写标题。针对受众群体，直击用户痛点，如"敏感肌的你请上车！""深度解读打工人的心路历程，你也一样吗？""反向化妆=10级瘦脸滤镜！扁平脸请进"。

②标题包含选题或产品关键词，获得更精准、更大的曝光。关键词的选取尽量和笔记内容主题一致，否则有可能让用户点进笔记后发现不是自己所需的内容而直接退出，如"滤镜合集|教你用光影营造照片高级感无痛攒钱""书单推荐|10本治愈系书单整理"。

③巧用数字和图标符号，抓住用户眼球。运用小图标和数字让标题具有明显的画面感，更加生动，起到画龙点睛的效果，增强用户的视觉体验；可以运用"Emoji"表情图让标题更加生动，也能使标题从全文字标题中脱颖而出，起到画龙点睛的效果，如图7-12所示。

图7-12　使用数字和表情的标题

④标题可以加到封面图上。在标题里点明笔记主题，让用户第一眼就知道笔记内容，如图 7-13 所示。

图 7-13　点明主题的标题

（2）笔记图片优化

小红书是图片效果大于文字效果的平台，首图就是一篇笔记的最大门面，它的吸睛程度直接决定了用户会不会点进来看正文内容，也就在很大程度上影响了笔记"爆红"的概率。优化笔记图片需注意以下几点。

①小红书封面主要有两种形式：高颜值的单图（图 7-14）和合集类的拼图（图 7-15）。官方推荐的图片尺寸有以下三种：竖屏 3∶4、正方形 1∶1、横屏 4∶3。

图 7-14　高颜值直击主题的单图

图 7-15　突显集合或对比的拼图

②笔记内容图片最好放三张以上，图片不能带水印，是高清效果。

③图片风格及滤镜颜色要统一，原创图最好是自己拍的，网图最好保存到手机后再使用。

④充分利用美图工具，适当编辑图片，如图 7-16 所示。

图 7-16　编辑后的图片

（3）笔记内容优化

①开头：小红书有大量的口碑型内容，也更偏向生活化。因此在小红书发布笔记，建议多发布一些大众化的内容，用户最喜欢能帮他们解决问题或帮助决策的笔记。正文开头建议写自己与内容的关系，以"新媒体运营"内容为例，可以写自己的学习经历，通过自学或者报班学习，所以掌握了新媒体运营的具体技能，开头就说明自己的真实体验，会让读者觉得有说服力。

②中间：写笔记前，先搜索相关主题热门内容的前几篇笔记，将其中出现过的关键词添加到你的正文中，这样平台推荐的用户会更多样化，流量也会更多。笔记字数不宜过多，一般控制在800字以内，200~300 字为宜。利用小表情等进行分割或者分段，使段落清晰，每段字数在 60~80 字为宜，还可以增强内容的个性，使笔记看起来更好看，不枯燥，如图 7-17 所示。

③结尾：结尾加上产品关键词、带上话题标签，要 @ 小红书官方号，如 @ 薯队长、@ 日常薯、@ 校园薯，还要打上话题标签，如 # 新媒体运营学习、#RED 解忧书店等，如图 7-18 所示。

🔧 双十一不知道买哪些书的，建议收藏

1️⃣《人生的枷锁》
• 作者：毛姆
• 豆瓣：9.0
• 上榜理由：带有自传色彩的代表作，毛姆用清醒到冰冷的笔触描绘了所有人平庸的一生，我们努力挣脱某一个枷锁，却不知自己被套入另一个枷锁中

2️⃣《月亮与六便士》
• 作者：毛姆
• 豆瓣：8.9
• 上榜理由：人的每一种身份都是一种自我绑架，唯有失去是通向自由之途，愿我们手中有六便士，抬头有月亮 🌙

3️⃣《人类群星闪耀时》
• 作者：茨维格
• 豆瓣：8.5
• 上榜理由：最好的译本，最牛的作者以诗人和艺术家身份尊崇历史真相，以其完全个人的独特视野创作而成的十四个故事

图 7-17　分割内容

👉希望大家喜欢我的推荐
@薯队长 @校园薯 @薯管家 @校园薯 @城市情报官
#RED解忧书店

图 7-18　结尾的方法

图 7-19　自定义文字标签

④打造标签：作为标记生活的社交媒体，加上标签，可以让更多的人看见笔记。根据笔记主题，小红书标签主要分为自定义标签、地址标签、品牌标签。

• 自定义标签：在编写笔记时，标签可以添加到图片上，如果想在图片上添加备注，就可以利用自定义文字标签，如图 7-19 所示。

• 地址标签：游记攻略、参加活动、餐厅打卡等都可以选择地址标签。可以选择人群笔记多的商圈、网红店、旅游景点等重要地点去添加地址标签，从这些地址标签搜索进来的用户都可以看到用户写的内容，提升笔记曝光率。

• 品牌标签：如果用户分享产品笔记时，可以搜索找到相应的品牌标签进行添加，这样也有助于小红书收录，并增加自然流量。需注意的是要添加小红书已有品牌的产品，不然是没办法跳转的。

💬 思政园地

　　某国产彩妆国潮品牌初创时期，首先通过在小红书发起体验官招募，借助小红书用户与博主的笔记分享，品牌快速实现口碑式传播、积累与沉淀，短短 5 年时间内，该品牌稳居天猫化妆品行业榜首。

　　小红书运营中最重要的策略是引领消费者成为口碑传播者，在小红书口碑营销的过程中，我们应首先保证所有的信息都有原创性和真实性，更能引起接收者的共鸣，而不是夸张的宣传。

🔊 任务实施

学生实训工作单

【工作情境】

为了给公司产品带来更多的流量，小美所在团队开展了小红书平台引流项目。小美需要分析小红书平台用户，利用小红书笔记的方式进行好物推荐，打造具有文具类标签的账号，扩大公司知名度，完成公司的品牌推广工作。

【工作任务书】

工作任务	运营小红书
工单描述	以"开学好物"创建选题，连续一周发布至少三次图文类笔记，打造具有文具类独特标签的小红书账号
任务目标	通过对文具的相关介绍，调动用户对文具的兴趣，进而购买相关文具
任务要求	目标用户：以12~22岁学生群体为目标用户； 选题方向：以盘点好看实用的学习用品为主
工作步骤	①明确选品，并搜集素材：根据笔记选题从各渠道进行选品，下载产品高清图片和素材； ②创设标题：根据产品关键词，撰写图标符号标题； ③撰写文案：调研开学好物的产品价值，用户需求和痛点，撰写相应的笔记文案； ④制作笔记封面：根据工单要求制作笔记封面； ⑤发布笔记：按笔记发布步骤正确发布笔记； ⑥维护笔记：根据评论和访问量了解用户痛点，并改进下篇笔记
素材来源	小红书 / 微博 / 抖音 / 淘宝
工作难度	□简单　☑一般　□偏难　□困难
注意事项	①禁止出现任何形式的水印； ②不要投机取巧，不要盗用他人作品，要保证笔记原创； ③选题避免选择敏感、负面或风险较高的内容； ④素材要清晰，能够有效展示产品特点
评价标准	□是否能正确选题 □标题是否圈中目标人群，包含选题关键词和图标符号 □是否能创建吸睛的笔记封面，笔记图片是否在3张以上 □笔记内容是否调动了目标群体的兴趣，字数是否在800字以内 □是否按笔记发布步骤正确发布笔记 □是否创设了笔记标签 □是否能根据评论了解用户痛点，并进行下一轮改进

【工作任务相关知识与技能】

1. 小红书笔记发布流程

①打开小红书App，单击页面下方的"+"选项，会自动跳转到"相册"页面。

②在"相册"页面选择需要发笔记的照片，可以给图片添加滤镜、标签、贴纸等。选定后单击右上角的"下一步"，就会进入到小红书笔记的"编辑"页面。

③在"编辑"页面中填写"标题"，标题中可适当添加图标符号，使标题更加生动醒目。

④根据选题，编写笔记正文内容。

⑤单击下方的"添加地点"，编辑发送笔记的地址，标记位置可以让更多人看到。

⑥全部编辑完成之后，单击"发布笔记"即可。

2. 查看小红书创作服务平台的方法

①打开小红书App，点击"我"，进入用户页面，点击左上角的"三道杠"，找到"创作中心"或"专业号中心"点击进入。

②找到"笔记灵感"，可以看到小红书官方最近主推的"热门活动""本周热点""经典话题"等内容。

总结与自我评估表

序号	检查事项	完成确认
1	是否已掌握知乎和小红书平台的用户特点	
2	是否已掌握知乎和小红书平台的营销模式	
3	是否能筛选知乎问题，并创作优质回答	
4	是否能根据小红书选题渠道，进行小红书笔记创作	
5	是否具有较强的捕捉网络热点的能力	

项目检测

一、选择题

1. 小红书平台的用户特点主要有（　　）。

　　A. 消费能力强　　　　　B. 高颜值　　　　C. 高收入　　　　D. 男女用户比例均衡

2. 小红书官方推荐的封面图尺寸为（　　）。

　　A. 3:2　　　　　　　　B. 1:1　　　　　C. 9:16　　　　　D.16:9

3. 知乎用户画像的特点包括（　　）。（多选）

　　A.18~30岁用户居多　　　　　　　B. 主要分布在一、二线城市

　　C. 消费能力强、消费欲望强烈　　　D. 高学历、高消费、高收入

4. 可以从哪些方面在知乎筛选合适的问题？（　　）（多选）

    A. 查看问题日记　　　　　　　　　　B. 查看问题关注人数

    C. 查看问题热度　　　　　　　　　　D. 查看问题浏览量

5. 小红书营销模式包括（　　）。（多选）

    A. 名人推荐　　　　　　　　　　　　B.KOC 扩散

    C. 会员机制　　　　　　　　　　　　D.UGC 分享

二、判断题

1. 知乎的核心功能是知识分享。　　　　　　　　　　　　　　　（　　）

2. 知乎男性用户规模高于女性用户，小红书则相反。　　　　　　（　　）

3. 知乎的"三高"用户是指高情商、高质量、高收入的用户。　　（　　）

4. 小红书平台的优势包括高客单价、高转化率、高复购率和低退货率。　（　　）

5. 用户有了购物需求后，才在小红书中做决策，甚至二度"种草"。　（　　）

三、简答题

1. 你觉得网民有哪些共性的搜索习惯？如何结合这些习惯进行提问与回答？

2. 综合电商平台纷纷引导用户发布"种草"的内容，小红书类平台还能带货吗？

项目八
实战新媒体整合营销

【项目描述】

不管是微博、微信，还是知乎、小红书，任何新媒体平台的高覆盖及高渗透是很多传统媒体无法比拟的。新媒体主要是通过数字网络载体传播的，完全不受时间、空间的限制，并且传输速度快，覆盖面极广。如何整合各种新媒体营销手段，实现1+1＞2的效果，就需要用户合理利用新媒体平台，发挥它的最大价值。具体做法可以是建立一个良好的新媒体矩阵，选择合适的新媒体平台，制订出符合自身和市场需求的新媒体活动运营策略，通过活动运营，输出高质量、传播度广、大众喜闻乐见的有趣、有用、有思想深度的内容，最终实现品牌传播、商品销售等预定目标。

【项目目标】

知识目标

⭐ 了解新媒体矩阵的含义和作用；
⭐ 了解新媒体活动运营的含义和内容；
⭐ 了解新媒体活动运营的策划原则；
⭐ 了解五种常见的跨界营销方式。

技能目标

⭐ 能完成新媒体矩阵的搭建；
⭐ 能完成新媒体活动运营的策划。

思政与素养目标

⭐ 培养新媒体热点捕捉能力和创新意识；
⭐ 培养文字表达能力、人际沟通能力、应变和团队协调能力、执行能力；
⭐ 培养职业责任感，严格遵守职业操守，树立底线意识，传播积极向上的正能量内容。

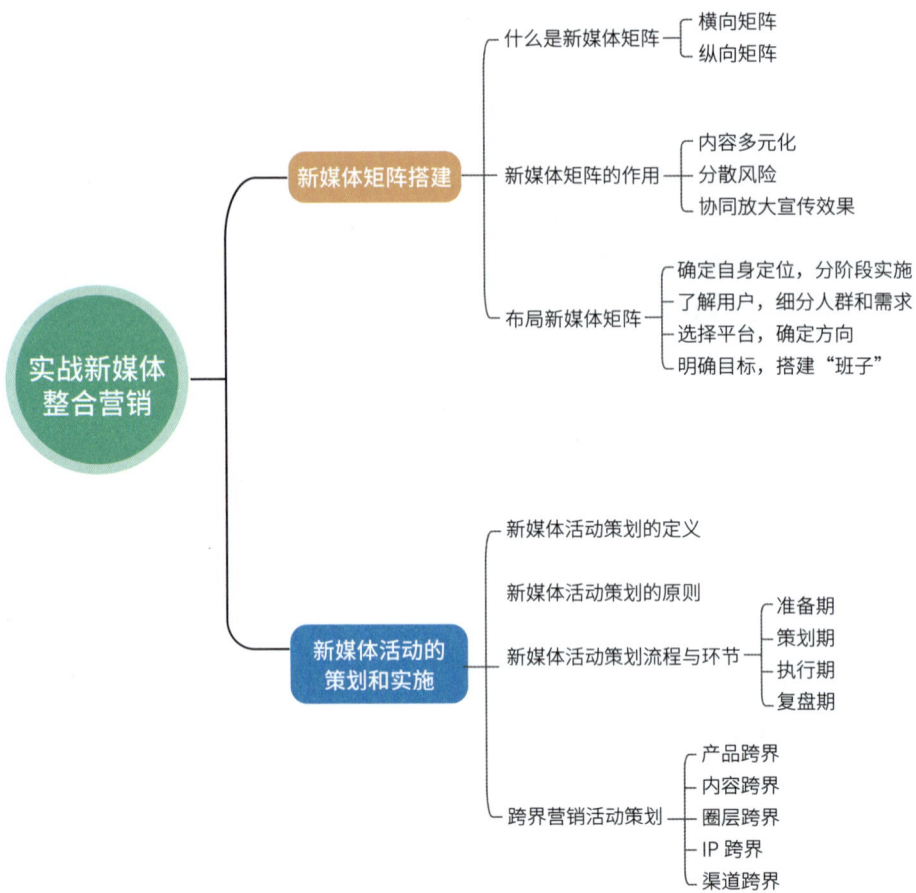

实战新媒体整合营销

新媒体矩阵搭建
- 什么是新媒体矩阵
  - 横向矩阵
  - 纵向矩阵
- 新媒体矩阵的作用
  - 内容多元化
  - 分散风险
  - 协同放大宣传效果
- 布局新媒体矩阵
  - 确定自身定位，分阶段实施
  - 了解用户，细分人群和需求
  - 选择平台，确定方向
  - 明确目标，搭建"班子"

新媒体活动的策划和实施
- 新媒体活动策划的定义
- 新媒体活动策划的原则
- 新媒体活动策划流程与环节
  - 准备期
  - 策划期
  - 执行期
  - 复盘期
- 跨界营销活动策划
  - 产品跨界
  - 内容跨界
  - 圈层跨界
  - IP 跨界
  - 渠道跨界

任务一 新媒体矩阵搭建

案例导入

某化妆品品牌成立于 2017 年，其新媒体矩阵（见图 8-1）布局可以分为三步，第一步是锁定平台用户画像与客户画像高度重合的小红书平台作为主要输出阵地，以电商平台销售作为互补；第二步是紧跟新媒体平台发展趋势，尝试入驻抖音、快手、B 站等一系列媒体平台，并复盘修正，选择适合企业的平台持续运营；第三步是将客户导入会员体系，通过微信汇聚私域流量。除了建立了庞大的粉丝体系之外，通过这种依托数字画像，精准搭建新媒体矩阵，借由 KOL 进行快速裂变的全新营销模式，该品牌实现了从 2018 年 6.4 亿元营收到 2020 年 52.3 亿元营收的高速增长，成功在竞争激烈且格局相对稳固的化妆品行业占据一席之地，企业也成为了互联网时代新媒体矩阵搭建的范本。

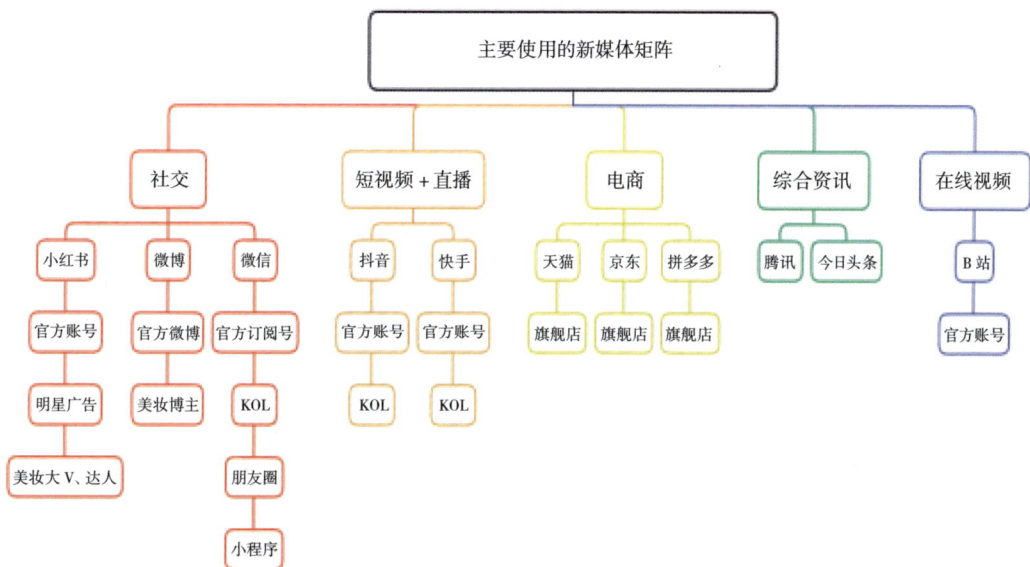

图 8-1 常用的新媒体矩阵

任务描述

通过本任务的学习，了解什么是新媒体矩阵和矩阵的作用，如何搭建新媒体矩阵。

知识讲解

一、什么是新媒体矩阵

新媒体矩阵就是在不同的媒体平台上，根据运营目标与需求，进行多元化营销的新媒体组合。新媒体矩阵有横向矩阵和纵向矩阵两种类型。

1. 横向矩阵

横向矩阵也可以称为外矩阵，是指企业在全媒体平台的布局，包括自有 App、网站和各类新媒体平台如微信、微博、今日头条、QQ 等，如图 8-2 所示。

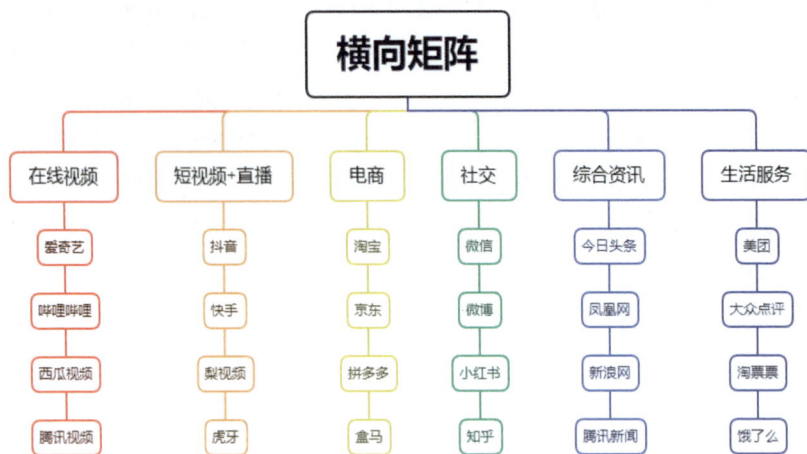

图 8-2　横向矩阵示意图

2. 纵向矩阵

纵向矩阵也可以称为内矩阵，是指企业在某个媒体平台的生态布局，是其各个产品线的纵深布局。例如，在微信平台可以布局订阅号、服务号、朋友圈、社群及小程序等，如图 8-3 所示。

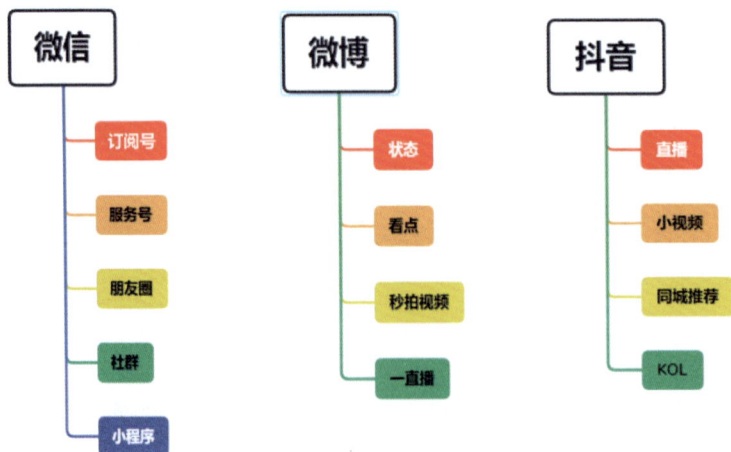

图 8-3　纵向矩阵示意图

二、新媒体矩阵的作用

搭建新媒体矩阵的作用主要体现在实现内容多元化、分散风险、协同放大宣传效果。

1. 内容多元化

每个平台都有独特的内容风格，从文字到图片再到视频，由被动接受再到直播互动，多样化新媒体营销方式形成互补，形成立体的营销网络。内容的多元化，增加了宣传面和推广效果。例如，某青年组织以前都是以网站、微信等方式进行静态形式宣传，关注该组织的年轻用户很少。为了吸引更多的年轻用户，其入驻到年轻人聚集的 B 站，开发原创视频，并增加互动环节，新增关注量一周之内超过百万。

2. 分散风险

企业如果将营销集中在某一平台运营，整体营销效果也主要来自单一平台，那么它的抗风险能力就会很低。如果发生无法预料的风险，如账号被封，损失将无法估量。例如，2017 年 6 月，某电影协会的公众号因维护人员的问题使得账号被注销了，在此之前该电影协会就做了相关的 App，已经把粉丝引导到新平台，因而账号注销的影响程度被降低。

3. 协同放大宣传效果

建立矩阵后，企业营销利用不同平台的产品及独特的风格就可以形成互补。企业通过更多的平台进行宣传推广，可以获得更多的流量，更大的曝光量，宣传效果会得到放大，为企业提供了更多的机会。例如，某企业进行产品营销，先在微博上造势，再在微信上进行转化，最后在今日头条等媒体上推广以达到协同放大的营销效果。用户可能在微博上看到品牌宣传，对这个产品有印象，后来在微信上又看到该品牌的宣传，就更会让用户产生消费的冲动。

三、布局新媒体矩阵

1. 确定自身定位，分阶段实施

新媒体矩阵建设需要投入大量的资金和人力，所以矩阵搭建不是一蹴而就，它是一个循序渐进的过程。搭建矩阵首先需要确定自身定位，建立符合自身需求的新媒体矩阵。因为企业在不同营销阶段的重心不同，不同类型的企业选择的新媒体也不一样。在企业新媒体矩阵建设的起步期，以搭建内矩阵为主，尝试外矩阵为辅；在企业新媒体矩阵建设的增长期，外矩阵形成，内矩阵初步分化；在企业新媒体矩阵建设的成熟期，外矩阵主要开发更多的流量平台，内矩阵进一步细分。新媒体矩阵搭建流程如图 8-4 所示。

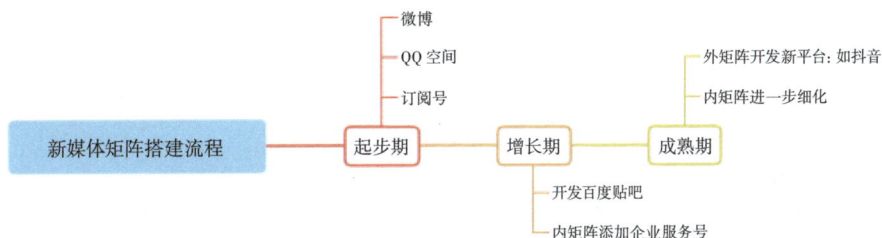

图 8-4　新媒体矩阵搭建流程

2. 了解用户, 细分人群和需求

了解用户, 掌握客户画像, 对目标用户人群和需求进行细分。目标人群可能在某一方面是一类人群, 但在另一方面可能不是同一类人群, 需要对目标人群和需求进行细分, 实现分类运营。

3. 选择平台, 确定方向

确定新媒体的目标及运营对象后, 再选择相应特点的平台进行矩阵布局。选择符合自身发展需求的平台布局, 不能盲目地求大求全, 只有这样才能提高营销的效果。例如, 一个餐饮品牌更适合做抖音、大众点评、小红书等平台, 不太适合做 B 站、喜马拉雅等平台。

4. 明确目标, 组建运营团队

结合企业自身情况和目标, 选择新媒体矩阵的运营平台和内容, 并按要求组建团队。团队组建完成后, 就可以根据目标, 完成新媒体矩阵搭建和内容运营了。

> ### 💬 思政园地
>
> 好的团队运营才是 "新媒体 +" 时代的正确打开方式, 在 "内容为王, 技术为要, 人才为宝" 的时代要求下, 团队成员团结协作、勇于探索、勇于创新才能以优质内容吸引优秀流量, 才能与用户实现真正的共鸣、共情、共创的矩阵发声, 才能将运营矩阵中每个版块都发挥出最好的集成效果, 实现产品价值变现。

🔊 任务实施

学生实训工作单

【工作情境】

公司处于新媒体矩阵建设的成熟期, 主营商品为文具用品, 主要客户为 10~25 岁的学生, 小美需要根据公司的实际情况及用户画像, 完成新媒体矩阵的搭建。

【工作任务书】

工作任务	用思维导图搭建新媒体矩阵
工单描述	处于新媒体矩阵建设成熟期的企业搭建新媒体矩阵
任务目标	目的是通过新媒体矩阵的搭建,完善企业的营销体系。实现品牌传播、商品销售等目标
任务要求	目标用户: 10~25 岁的学生
工作步骤	①明确自己的定位; ②了解用户,对目标人群进行细分,如针对年龄、性别、爱好、常用的文具类型、喜欢的品牌等方面对客户进行细分; ③掌握各个平台的特点,根据前期分析的目标客户画像和自身需求选择合适的矩阵平台,建立横向和纵向矩阵,确定营销方向; ④根据当前企业的营销目标和方向,组建营销队伍,明确每个平台的作用; ⑤用思维导图画出搭建的新媒体矩阵; ⑥再次根据自己的目标人群画像,查看是否有遗漏的画像,对矩阵进行修改和补充
素材来源	小红书 / 微博 / 抖音 / 淘宝 / 知乎 / 思维导图
工作难度	□简单　　☑一般　　□偏难　　□困难
注意事项	选择正规的平台
评价标准	□是否能正确选题 □搭建的新媒体矩阵是否符合矩阵发展阶段的要求 □客户画像是否细分精准 □选择的矩阵平台是否符合产品类别要求 □选择的矩阵平台是否既有横向矩阵又有纵向矩阵 □选择的矩阵平台是否符合企业目标 □新媒体矩阵搭建过程是否思路清晰

【工作任务相关知识与技能】

利用思维导图（XMIND）搭建新媒体矩阵的步骤:

①打开 XIMID 软件, 单击主页下方的"新建"选项, 自动跳转到新建导图界面。

②单击右上角的"骨架", 选择自己需要的思维导图骨架, 进入到思维导图的编辑页面。

③单击"主题", 编写自己的主题, 可在右侧根据需要改变字体大小和样式等。

④单击"子主题", 根据自己的需要添加子主题的文字和子主题的个数。如果需要添加同级别的主题, 可以直接单击"主题"; 如果添加下一级主题, 单击"子主题"。

⑤完成思维导图骨架后, 单击左上方编辑中的"导出", 选择自己需要的保存样式即可。

任务二　新媒体活动的策划和实施

案例导入

2017 年 12 月，某知名手机在其官方微博 @ 发布了最新的宣传海报"某明星的 2 000 W 个故事"，随后围绕该主题展开了一系列运营工作。利用微电影、短视频、海报等多种形式，全方位、全渠道投放。"某明星的 2 000 W 个故事"上映后，获得了极高的口碑。该手机品牌在微电影上线后立刻推出"R11s 星幕新年版"，开售仅 2 小时，其销量和销售额就获得了天猫手机品类单品第一名。

任务描述

通过本任务的学习，了解如何围绕企业目标，开展新媒体活动的策划和实施，最终达到预期效果。

知识讲解

一、新媒体活动策划的定义

新媒体活动策划是指利用新媒体技术和平台，如社交媒体、移动互联网、视频网站等，通过活动的策划，为企业或组织提供有效的推广和宣传服务。常见的新媒体活动策划有节假日互动活动策划、新品上市活动策划、促销活动策划等类型。

二、新媒体活动策划的原则

（1）实事求是原则

活动策划者在策划活动的过程中，要坚持实事求是的原则，策划的活动要可信、可执行。要从实际、真实、科学的角度出发，方案要兼具前瞻性、吸引力和影响力。

（2）创新性原则

活动策划者需要坚持创新性原则，要以自身品牌定位为基础，从市场角度出发，策划符合自身特色的营销活动。可以巧妙地借助传统的节日、社会话题、时事活动、媒体舆论热点，增加一些新意十足的内容，从而赢得人们的注意力和好感，提高活动影响力。

（3）满足用户的高阶需求原则

活动策划的目的就是为了激发客户的高阶需求，满足用户的社交心理甚至尊重的需求以及自我实现的需求，而不是最基本的生存需要。只有满足高阶需求，用户才会产生强烈的参与感，只有让用户积极参与，才能增加活动的热度，拉近参与者与企业品牌之间的距离，取得爆发性的效果。

（4）营造良好的情境，坚持正确的价值观

所有的活动都离不开一个良好的氛围，以及一个正确的价值观。活动不能够违反法律和违背道德，可以有娱乐精神，但是不能传播负能量；可以幽默，但是不能低俗；可以表达态度，但是不能商业攻击，这些是所有营销活动的基本原则。用某些低俗的方法去吸引大众眼球，可能短暂会引起社会关注，但是长远来看，大众也会比较反感，对企业品牌有负面影响。

三、新媒体活动策划流程与环节

一个完整的新媒体活动策划过程包括准备期、策划期、执行期、复盘期四个阶段，如图 8-5 所示。

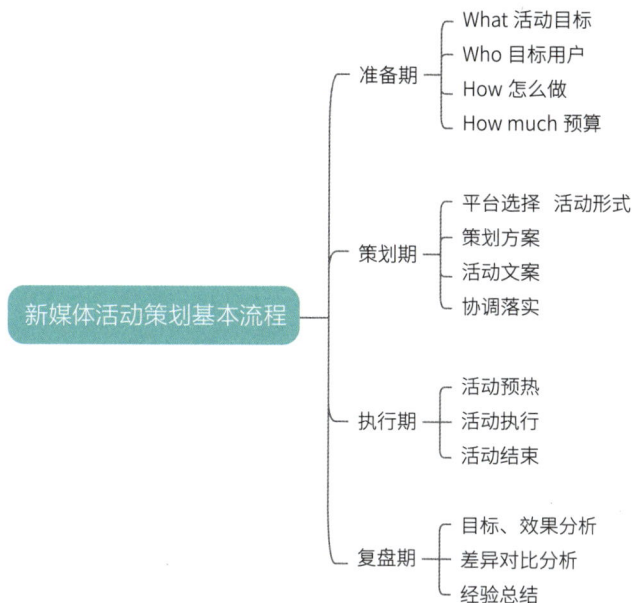

```
                              ┌ What 活动目标
                    ┌ 准备期 ─┤ Who 目标用户
                    │         ├ How 怎么做
                    │         └ How much 预算
                    │
                    │         ┌ 平台选择  活动形式
                    │         ├ 策划方案
                    ├ 策划期 ─┤ 活动文案
新媒体活动策划基本流程┤         └ 协调落实
                    │
                    │         ┌ 活动预热
                    ├ 执行期 ─┤ 活动执行
                    │         └ 活动结束
                    │
                    │         ┌ 目标、效果分析
                    └ 复盘期 ─┤ 差异对比分析
                              └ 经验总结
```

图 8-5　活动策划基本流程示意图

1. 准备期

（1）明确活动目标

运营新媒体活动要设定活动目标，一般的活动目标有拉新、促活、留存、转化等，并要使活动目标尽量具体、详尽，方便日后进行评估。一个活动只能对应唯一的目的，否则容易降低活动质量。以内容运营为例，与目标"提高用户活跃度"相比，目标"使文章阅读量增加三成"显然更加具体、详尽。

（2）目标用户分析

设定活动目标之后，需要进行目标用户分析。目标用户一定要精准，因为无论什么类型的活动，都无法获得全体用户的认可。只有精准瞄准用户，发现他在哪儿，有何特征爱好，做好用户画像工作，才能制订出精准的活动策划，降低成本，提高效益。在策划活动时，覆盖人群不要一味求大，目标用户一般不会涵盖所有人群，只是其中一部分。例如某化妆品企业，在做新媒体推广的时候，投入巨资开展了全媒体、全渠道的推广，结果因为未精准瞄准用户，推广效果极差。

2. 策划期

（1）活动方案设计

经过准备期的分析拆解，已经明确了活动目标、目标客户等基础信息，通过多部门对形式、预方案的讨论，最后形成细化的书面方案。一套完整的策划案里一般包括活动目标、活动主题、活动时间、活动地点、活动形式、推广渠道、参与人员、物料准备、花销预算等内容。

活动目标：确立本次活动的目标。

活动主题：明确活动目标后，通过一句话来概括活动主题，让用户快速明白活动是干什么的，并能达到吸引用户参与的效果，所以文案需精炼，直击痛点。

活动时间：包括了前期宣传和后期传播的两重节奏。

活动地点：举行活动的地点或平台。

活动形式：活动可在线上和线下进行，在形式上也多种多样，并根据不同的形式制订相关的规则，做到公开、透明、公正。例如，线上玩法可以是抢红包、拼团、竞猜等，线下玩法可以是论坛沙龙、嘉年华、发布会、运动会等。

推广渠道：线上可借助微博、微信、小红书、知乎、抖音、头条等内容分发平台，线下可选择公交站台、公交车、地铁等载体的户外广告。

参与人员：参与整个活动的各个部门工作人员。

物料准备：包含整个活动需要的物料资源，如活动海报、奖品等。

花销预算：含物料、资源位、场地等所有项目的预算。

（2）活动资源准备

"兵马未动、粮草先行"，当活动方案确定后，需要根据方案开展活动运营前的准备工作。在这个过程中，需要调动的人（活动中可以调动的人力资源，包括但不限于文案、美工、开发、地推等人员）、财（活动中可以投入的用来采购礼品、流量、插件等的预算）、物（活动中用来打折促销的商品、发放的礼品、投放广告的资源位等）等资源，准备好活动"粮草"。一个活动，不是一个人或一个部门能完成的，需要调动众多资源，需要各个环节紧密配合。将活动资源准备充分，才能保证心中有数，做到精准施策。

3. 执行期

前期工作完成后，活动从策划变为落地。为了使策划阶段制订的工作目标顺利实施，运营者需要协调整个团队，在活动预热、活动执行、活动结束三个环节，按照既定的方案精准执行。

活动预热：为了确保活动执行顺畅，不出现纰漏，在活动上线之前要进行一遍流程测试。检查时可以顺着推广到交易的路径将各个环节逐一排查，如遇问题及时修正。

活动发布：活动预热后，在检测各个环节均没有问题后，即可发布活动，按照既定方案执行。在活动执行期间，及时根据方案要求，进行数据监控，风险控制，比对优化，并及时收取用户反馈。

活动结束：活动结束后，及时发放奖品、完成费用结算等善后工作。注意一定要做好数据的收集，为复盘总结提供依据。

4. 复盘期

将活动数据进行整理和归类，首先要做的是将结果数据与目标数据进行对比，从流量、用户、内容、时间等方面对数据进行分析，分析活动是否达到了活动预期，是否解决了活动开始前提出的问题。最后形成数据分析报告，为以后的活动提供数据支持，为调整运营策略提供科学依据。

四、跨界营销活动策划

微课

跨界营销的五种策划方式

随着消费升级，人们越来越注重生活的品质化、多元化，单一品牌的新媒体活动的推广效果越发有限。如何推出陈新，给顾客带来更多的新鲜感，提升推广效果，成了众多企业在推广过程中首先考虑的问题。跨界营销凭借出乎意料的玩法不但能吸引受众的注意力，还能帮品牌收获大量的好感。跨界营销一般是指两个或两个以上的品牌或品类，不同界别的营销元素融为一体，根据不同的消费者群体之间所拥有的共性和联系，相互渗透、相互融合，打破传统营销模式，从而给品牌一种立体感和纵深感，获得消费者的好感，追求营销效益的最大化。

因此，运营者需要做好跨界与整合，解决营销诉求，获得更多有价值的消费者，获得长远性的利益传播。活动运营的跨界整合有五种策划方式，包括产品跨界、内容跨界、圈层跨界、IP 跨界、渠道跨界。

1. 产品跨界

产品跨界是指以定制产品作为活动的主线，把原本毫不相干的产品元素相互融合，突出"限量""定制"等关键词，引爆合作双方的新媒体传播。

例如，在 2020 年，我们经历了疫情初期的艰难，但仍有这样一群坚守岗位的普通人，他们用热爱与坚守、责任与初心，成为更多人心目中的平凡英雄。某饮料携手媒体，打造人文关怀满满的"跨界联名"特别活动，通过推出热爱守护者限量罐，记录平凡英雄的感人故事，在传递敬业精神的同时，见证着家国担当，如图 8-6 所示。

2. 内容跨界

内容跨界是指合作方在活动文章、活动海报、活动视频等内容中互相植入对方的品牌，在内容传播过程中对参与方的品牌进行多次传播，达到共赢的目的。

例如，知名快餐品牌联手国际知名设计师，跨界打造"王的黑金"潮流盛宴，如图 8-7 所示。12 月 10 日起，该品牌将在其天猫官方旗舰店开售由设计师设计的黑金篮子（全

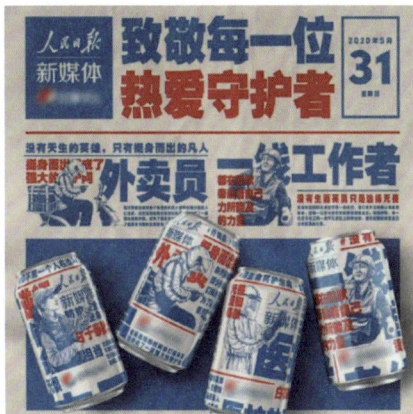

图 8-6　产品跨界案例

图 8-7　内容跨界案例

球限量300个）及黑金M手包。12月25日，该品牌将在全国超过3 200家餐厅推出"王的黑金"系列美食，设计师设计的"黑金桶"将为美味的视频带来时尚简约的风潮。

3. 圈层跨界

在互联网的发展过程中，网民的喜好呈多样化发展趋势，有的网民喜欢动漫，有的网民喜欢体育赛事，有的网民喜欢在线阅读，有的网民喜欢网络游戏等。不同的喜好产生了不同的文化圈层，而不同圈层的品牌跨界合作，可以激活对方的用户，获得超出预期的活动效果。

例如，某饮用水品牌携手故宫博物院，推出"宫廷前世，瓶水相逢"活动。九款限量版"故宫瓶"，九幅馆藏人物画作，配以现代内容的温情解读，让用户与宫廷中的帝王后妃们"瓶"水相逢，如图8-8所示。以瓶身作为载体，让大家在古画的现代演绎中获得亲切感与共鸣，体会中国的传统文化。本次活动收获了社会的一致好评。

图8-8　圈层跨界案例

4. IP跨界

IP的原意为"知识产权"，不过在文化创意行业被引入后，网民喜欢的小说、剧本、漫画，甚至个人都被看作IP。一个成功的IP实际上也是一个独特的文化现象，尝试不同形式的IP跨界合作，可以将IP的影响力充分聚合。

例如，2021年4月23日，正值世界读书日，某新消费品牌携手某书店展开了一场"饱读诗书"展览，同时还真正打造出了一款可以吃的"精神食粮"，如图8-9所示。

图8-9　IP跨界案例

5. 渠道跨界

活动运营未必局限于互联网渠道，运营者可以尝试与其他渠道的品牌进行合作，打通线上和线下渠道，多维度宣传品牌。

例如，某内衣品牌联合某音乐平台推出了跨界"乐"系列内衣产品。双方集合了当下诸多流行的品牌营销元素，将魔性沙雕、复古风、国货这三大元素融入了跨界产品当中。其产品完美融合音乐的属性，将单曲循环款、精彩评论、弹幕等元素印在了内衣上，如图 8-10 所示。

图 8-10　渠道跨界案例

思政园地

故宫积极拥抱新媒体，通过高分纪录片《我在故宫修文物》将大众心中故宫神秘严肃的刻板印象打破，为故宫 IP 博得大量关注，随后趁热打铁，将年轻人作为核心受众群，融合互联网文化，造"热梗"，讲"段子"，运营微信、微博等社交账号，通过这一系列操作，故宫拥有了数量可观的忠实粉丝。在博得流量和口碑后，故宫积极进行流量变现，将传统与潮流结合，开发市场定位明确的文创产品，如定位年轻女性的浮雕口红，通过亲友和 KOL 的推荐，加上官方旗舰店的积极促销与联名销售，最终销售火爆。

📶 任务实施

学生实训工作单

【工作情境】

"618电商购物节"马上开始了，小美所在团队需要根据公司的实际情况及用户画像，结合最近的热门话题，制作公司在购物节期间的活动策划书。

【工作任务书】

工作任务	完成"618电商购物节"活动策划书
工单描述	开展文具产品的活动策划（可以结合热门话题）
任务目标	目的是通过一次活动策划（也可以结合热门话题开展跨界活动策划），吸引消费者眼球，提升品牌形象，完成商品销售等
任务要求	目标用户：25～40岁的年轻消费者； 活动要求：活动要有亮点，符合企业商品定位，能通过活动获得消费者好感
工作步骤	①活动目标：以企业目标为依据； ②活动主题：确定活动主题，也可以结合热门话题开展跨界活动； ③活动时间：制订合理的活动时间； ④活动地点：举行活动的地点或者平台； ⑤活动形式和规则：确定活动形式和规则； ⑥活动平台选择：根据活动形式和规则，选择平台进行推广； ⑦活动参与部门和人员：落实参与整个活动的各个部门工作人员； ⑧物料准备：准备整个活动需要的物料资源； ⑨花销预算：做好包含物料、资源位、场地等所有项目的预算
素材来源	小红书／微博／抖音／淘宝／知乎
工作难度	□简单　　□一般　　☑偏难　　□困难
注意事项	①禁止出现任何形式的水印； ②选题避免选择敏感、负面或风险较高的内容
评价标准	□是否能正确选题 □活动策划要素是否齐全 □活动主题是否符合要求，是否能吸引消费者 □活动时间是否恰当 □活动玩法和规则是否符合活动设计的原则 □活动平台选择是否恰当 □活动人员和活动物料准备是否充分 □是否利用热门事件开展跨界活动

总结与自我评估表

序号	检查事项	完成确认
1	是否已掌握新媒体矩阵的搭建	
2	是否已掌握新媒体营销活动策划的原则	
3	是否已掌握新媒体不同矩阵的内容	
4	是否能根据活动目标完成活动策划	
5	是否具有较强的捕捉社会热点的能力，并融入活动中	
6	是否了解不同跨界营销的方式	

项目检测

一、选择题

1. 整个活动运营过程最核心的内容是（ ）。

　A. 准备　　　　B. 策划　　　　C. 执行　　　　D. 复盘

2. 活动运营中的 IP 是指（ ）。

　A. 网络地址　　B. 符号　　　　C. 知识产权　　D. 独特的文化现象

3. 下列哪个不是抖音的纵向矩阵？（ ）

　A. 无门槛　　　B. 低门槛　　　C. 中高门槛　　D. 高门槛

4. 完整的新媒体活动策划包含（ ）。（多选）

　A. 策划期　　　B. 执行期　　　C. 复盘期　　　D. 准备期

5. 活动执行阶段具体的环节包括（ ）。（多选）

　A. 活动预热　　B. 活动执行　　C. 活动监控　　D. 活动结束

二、判断题

1. 活动运营就是活动策划。　　　　　　　　　　　　　　　　　　（ ）

2. 活动策划只是活动策划部门的事情。　　　　　　　　　　　　　（ ）

3. 一个活动只能有一个活动目标。　　　　　　　　　　　　　　　（ ）

4. 活动设计过程中，只需要激发用户基本的需求。　　　　　　　　（ ）

5. 复盘除了要分析数据，还要分析行为。　　　　　　　　　　　　（ ）

三、简答题

1. 活动设计过程中，活动形式需要坚持的原则有哪些？

2. 活动方案设计的具体内容有哪些？

参考文献

[1] 郭义祥 , 李寒佳 . 新媒体营销 [M]. 北京 : 北京理工大学出版社 ,2021.

[2] 勾俊伟 , 张向南 , 刘勇 . 直播营销 [M]. 北京 : 人民邮电出版社 ,2017.

[3] 帅青红 , 李忠俊 . 电子商务 : 基础理论 + 案例分析 + 实践训练 [M]. 北京 : 人民邮电出版社 ,2022.

[4] 邹益民 , 李丽娜 . 新媒体营销与运营 : 微课版 [M]. 北京 : 人民邮电出版社 ,2021.

[5] 王易 . 微信营销与运营全能一本通 : 视频指导版 [M]. 北京 : 人民邮电出版社 ,2018.

[6] 王萍 , 耿慧慧 . 抖音电商实战 : 引流 + 蓝 V+ 直播 + 橱窗 + 小店 + 小程序 + 带货 + 广告 [M]. 北京 : 中国铁道出版社 ,2020.

[7] 中国广告协会 . 网络直播运营 : 初级 [M]. 南京 : 江苏凤凰教育出版社 ,2021.

[8] 姚志明 . 快手、抖音短视频运营与推广从入门到精通 [M]. 北京 : 清华大学出版社 ,2020.

[9] 吕白 . 爆款小红书 : 从零到百万粉丝的玩赚策略 [M]. 北京 : 北京时代华文书局 ,2022.

[10] 厦九九 .5 小时吃透小红书 [M]. 北京 : 人民邮电出版社 ,2022.

[11] 李平 . 新媒体运营 [M]. 北京 : 中国人民大学出版社 ,2021.

[12] 吴正锋 . 跨界营销 [M]. 广州 : 广东经济出版社 ,2018.